グリーンローズガーデン
斉藤よし江さんの

バラと里山に暮らす

Green Rose Garden by Yoshie Saito

Live in Woodlands with Rose

はじめに

里山の暮らしにはたくさんの自然のめぐみがあります。
春の野原ではセリやフキノトウ、
山ではゼンマイ、ワラビなどを摘み、
秋にはキノコ採りが楽しめます。
私が幼いころは、季節になると祖母が裏山に入って
よく花を摘み、家のあちこちに生けていました。
裏山には、夏はヤマユリやギボウシが白く浮かび、
秋にはオミナエシやワレモコウ、ススキが風に揺れる風景がありました。
私の庭作りは、季節の花に囲まれ、野山で遊び回っていた
そんな幼い日々の延長なのでしょう。
義父が遺したたくさんのバラのおかげで、自然にバラと草花に夢中になり、
手をかければかけるだけ素敵な花が咲き、
学べば学ぶほど奥深いと感じるバラの世界に魅了されてきました。
寒くても、暑くても外に出て、苗を植え、バラを切り、雑草を摘む。
庭仕事には尽きない楽しさがあるのです。
自然の営みが見せるわずかな変化、一瞬の輝きを感じる心を
ずっと持ち続けたいと思っています。
里山の空気や緑、土の香りに支えられながら
好きなことが好きなようにできる、今がいちばん幸せです。
さあ、里山にあるグリーンローズガーデンの一年をご紹介しましょう。

斉藤よし江

目次

第二章　夏の緑の中で

第三章　秋風が運ぶもの

庭づくりノート

毛呂山案内

第一章　バラの季節

待ちに待ったバラの季節。
狂おしいほどの花数を見せるつるバラ、
誇らしげに大きな花を咲かせる
四季咲きバラ。
今年もバラたちとの
出合いが待っています。

入口からカフェへ向かう小道。ピンク、アプリコット、オレンジ色などのバラに、さまざまな草花を合わせた心が躍るような彩り。向こうのカフェに咲くバラは、訪れる人たちに手招きをしているかのよう。バラはブリリアント・アイスバーグ、カフェなど。

里山のガーデンに咲く

ここは埼玉県毛呂山町にある『グリーンローズガーデン』。秩父の山々を控えた緑豊かな里山に、斉藤よし江さんのローズガーデンがあります。

すぐそこには山があり、スギやヒノキの高木にぐるりと囲まれ、落葉樹がやさしい影をつくる。ここはまさに別天地です。バラと、里山。華やかさと、のどかさ。ふたつは結びつきにくいかもしれませんが、ここに咲くのは穏やかな里山の恵みを受けたやさしいバラたち。ふたつをつなげたのはグリーンローズガーデンの斉藤さん。

訪ねてみると、ほかのどこにもない、ガーデンの色や空気、そこに漂う香りがわかります。

すべてのバラがいっせいに咲く季節。草花も生き生きとして、パワーに満ちあふれている。

スキやヒノキの高木に守られたガーデン。「土が見えるより、ときには雑草があるほうがいいかもしれない。雑草も一歩下がって眺めて、取りすぎず、生かしすぎず」。斉藤さんは花に埋もれながら庭仕事をする。

カフェのテラスからガーデンを望む。パーゴラのバラの葉は、
朝日に透けて輝いて見える。

朝日を浴びるバラたち

バラが咲き始めると、とても朝の目覚めがよくなります。今朝の1輪を見逃したくないから、ガーデンへ素早く向かいます。

朝のバラの香りは格段に素晴らしく、何度も深呼吸したくなるほど。芳香を漂わせながら、咲き誇るバラたちに安堵し、バラが運んでくれた幸せを、ひとりかみしめます。

花びらが繊細すぎて開かずにいるオールドローズは、ちょっと頭をつついてあげるとふわっと開き、見とれていた1輪が、一瞬で散り落ちる…。

「お客さまがあると、バラたちをよく見せたくて、親の欲目が働いてしまうでしょう。朝は私とバラだけの時間。ありったけのバラのドラマをありのままに味わいたいのです」

ウグイスやヒヨドリのさえずりがガーデンに響き渡ります。

「おしゃべり好きで、ウグイスのものまねも上手」というガビチョウ。

赤いジューンベリーをついばむヒヨドリ。

ガーデンの巣箱から巣立ったシジュウカラの1羽かもしれない。

朝の空気を含んで浮かぶように咲くウインドフラワー。
花びらは薄く繊細で、強い芳香を漂わせる。

今日はオープンガーデンの日

カフェの準備を終え、窓に咲く白いロサ・ムリガニーの様子を確かめて、入口のプレートを「OPEN」に。今日はオープンガーデン。カフェもガーデンも準備万端です。

この日、入口を華やかに彩るのはルイーズ・オディエとラベンダー・ドリーム。足元に咲くのは毎年こぼれ種からたくさんの芽を出す、ニゲラ、オルレア。ギリアやセントーレアなども咲きます。南向きのこの場所はすべての植物が太陽に向かい、日を追うごとに膨らんで迫り出し、ウエルカムのサインを送っています。

春のオープンガーデンは4月上旬～6月中旬。土・日・月曜日の11～17時。4月のメインはチューリップ。5月になるとさまざまなバラが咲き始める。

オープンの文字を掲げる看板は、元気のいいバラや草花で埋まりそう。ピンクのバラはルイーズ・オディエ、紫色のクレマチスはエトワール・バイオレット。ボーダーガーデンはこぼれ種から芽を出した草花を整理して花を咲かせながらこの日を迎える。

ガーデンを巡る小道

バラの庭づくりを始めて、いちばん最初に完成したのが枕木の園路。杉林に囲まれた何もない場所に小道を巡らしました。

「小道ができて、にわかにガーデンらしくなったときのことは忘れられません。私ひとりが通れる小道、細い道をつくりました」

20年間少しずつ伸ばし、トンネルを描き、さまざまな宿根草を植えた枕木の小道は、斉藤さんの庭づくりの軌跡そのもの。曲がりくねったその先に何があるのか…と、わくわくどきどきさせてくれる、世界にひとつの小道です。

右／この庭でもっとも遅咲きのバラ、ピンク・ドロシー・パーキンス。ピンクの房咲きは、緑濃き小道のアクセサリー。　左／草花が花数を増やすごとに、枕木の小道が細くなっていく。葉や花に脚が触れるのも細い小道だからこそ。

ガーデン入り口からカフェを眺めた風景。訪れた人たちは曲がりくねる枕木の上を歩きながら、これから出合う花に、緑に心を躍らせる。

アーチに咲くアプリコット色のつるバラはバフ・ビューティ。白やピンクのバラとも調和する、落ち着いた花色。剪定した切り口のところに咲くので、冬に枝を切って、切って咲かせる。

アーチが描く風景

グリーンローズガーデンの風景がやさしい理由のひとつは、つるバラが多いから。茎がしなやかなバラを大きくつるバラとしてくくって考えると、つるバラと呼べるバラは案外多いもの。オールドローズ系のつるバラ、ノバラなどの原種、その交配などから生まれたランブラーローズ、イングリッシュローズをはじめとする半つる性のシュラブローズ、そのほか木立性のモダンローズから生まれたつるバラなどもあります。しなやかな枝をアーチに誘引すれば、見上げる場所にもバラが咲いて、眺める楽しみは何倍にも。平面にも立体にもバラを咲かせることができます。

「アーチを立ててバラを誘引すると、そこをくぐってみたくなるもの。くぐればそこに小道が生まれ、足元やアーチの向こう側の風景にも、こだわりたくなります」

それはまるで連想ゲームをするような楽しさ。ただし、バラの声を聴いて品種選びをすること。横にどんどん伸びる、這い上がる、新しい枝に花が咲く、古い枝に咲くなど、バラはそれぞれ性質が異なるのです。

「好みの花色やかわいらしさだけで選ばず、性質を見極めて使ってあげるといいですね」

上／5月の半ばのころ、アーチの右側に咲くのは早咲きのチャイナローズ、ヘレンベルグ。
下／5月末になると、ころんとした花形がかわいいローブリッター、クレマチスが開花。開花時期の異なる数種を誘引してバラのアーチを長く楽しんでいる。

トンネルの向こう側

アーチをいくつも連ねると、トンネルが生まれます。長いトンネルは中が暗くなるので、途中に小窓を作ることを思いつきました。また、アーチとアーチの間隔を空けて日差しが入る工夫をしたら、トンネルの中にもバラが咲くようになりました。なるほどと思わせるアイディアがさりげなくちりばめられているガーデンは、斉藤さんの植物への愛情の積み重ね。さまざまな経験から生まれたものばかりです。

「思いついたことをすぐに試せる、工夫ができる。つまりは、自分がしたいようにできるところがプライベートガーデンのおもしろさ。とくにこの長い枝をどうやって使ってみようかしら…と思わせるバラには、興味がつきません」

上／フジづるで編んだ丸窓から外の明るい景色が眺められる。
下／淡いアプリコット色のバラはコーネリア。
左／アーチをいくつもつなげた長いトンネル。アーチの間隔を空けて日が差す工夫をすると、トンネルの中にもバラが咲いた。ピンクのひと重咲きはバレリーナ。

窓に咲くロサ・ムリガニー

「ああ、この窓！このバラ！合いたかったのって、よく声をかけてもらいます」。窓に咲くバラは原種のロサ・ムリガニー。ひと重咲きの可憐な佇まいでも生長はいたって旺盛。たった1株がカフェの壁を覆い、窓を包んでいる。

テラスは特等席

カフェテーブルは限られた数なので、相席をお願いすることもありますが、見知らぬ同士がまるで旧知の仲のようにバラについて語り始めることもしばしば。テーブルだけでは収まらず、だれかが質問を投げかけるとその答えがカフェ中で飛び交って、みんなバラに酔ったように話を弾ませるのです。

ガーデンを眺めれば、渡る風や日の傾き、雲の動きでわずかに変わるバラたちの表情まで感じることができるのです。ときにはドラマチックなシーンに出会うことも。

「野鳥の巣立ちは、それは感動的でした。ヤマボウシのミルキーウェイの巣箱から、シジュウカラの兄弟が巣立ったときは、みんなで固唾を呑んで見守りました」

テラス席はそんなガーデンのドラマを楽しむための特等席です。

右／いつも真っ白なテーブルとイスで迎えるカフェ。テーブルには必ず朝摘んだばかりバラや草花が飾られ、テラス席は手が届くところにバラが咲く。このシチュエーションゆえに若いカップルの姿も増えてきた。

左／ケーキセットにも必ず庭の花を添えることにしている。この日はクラウンベッチをひと枝。「ほとんどの人が花を大事に持ち帰ってくれます」。

パーゴラの下で
バラの呼吸を感じる

右／「パーゴラの上にのせて留めた枝は、花が咲き始めると結んだ麻紐を解いてあげるんです。枝は花の重みでふわっと下がって…」と、まるでシャンデリアのように頭の上で咲く。バラはアルバ・メイディランド。　左／バラの季節の日差しは強く、パーゴラの下が快適なのは人もバラの花も一緒。茂った葉の陰で咲くバラは、強い日差しが差すバラよりもふっくらとして、みずみずしい。丸く小さな花はフローラ。つぼみはピンクで、開くと白に近い色になる。

斉藤さんのコレクション「アーリーモダンの小道」。「木陰になってしまったので、また樹木を剪定してあげないと…」。オールドローズは半日陰でも咲くバラが多いが、四季咲き性のモダンローズは日差しが必要。

古きよきアーリーモダン

しなやかでやさしい表情が魅力的なオールドローズ、文字通り野趣あふれる原種バラ。それらを複雑に交配し品種改良を経て、枝が直線的で大輪の花を咲かせるモダンローズが誕生しました。

そのオールドとモダンとモダンローズの過渡期に誕生したのが、アーリーモダンローズ。斉藤さんはガーデンの一角にコレクションしています。１８６７年に誕生したラ・フランスはその代表。剣弁高芯咲きのモダンローズ、ハイブリッドティーの第一号です。

「薄い花びらには、まだオールドローズの繊細さ、たおやかさを浮かべているでしょう。過渡期に生まれたバラには、完成されていないものの魅力を感じます」

右／モダンローズのひとつハイブリッド・ティーの系統を確立したラ・フランス。花びらが薄くて開きにくいほど繊細。中／黒バラの祖といわれるシャトー・ド・クロ・ブージョは1908年に誕生。スリムなつぼみが美しい。　左／ミセス・オークリー・フィッシャー。ひと重咲きが珍しいアーリーモダン。

下／手前の高芯剣弁咲きの白バラは1927年生まれのアーリーモダン、マーガレット・アン・バックスター。花弁数が非常に多いが雨に当たると開きにくい。そんなところも過渡期のバラらしい。このエリアは日当たりがよく、奥のモダンローズの花壇もつるバラも賑やか。

愛らしいピンクのバラたち

ここからはバラを色別に紹介します。グリーンローズのメインの色はやさしいピンクです。

バリエーション豊富なピンク色のバラ。花形や樹形もさまざまです。ころっとした丸みのある花を下げるのはローブリッター。実ものののような形のキュートなピンク・ドロシー・パーキンスは遅咲きのヒロイン。7本も植えています。

人気の高いイングリッシュローズは、オールドローズのような花形で四季咲き性が強く、香りもよく、アーチなどにもおすすめ。ところが、「生まれは新しいので、花色にモダンローズに多い蛍光色を含む品種もあります。これは周囲のオールドローズとなじみません」と、微妙な花色の見極めも経験から学んできたこと。こうして花色を選んできた結果がガーデン全体のムードをつくっているのです。

上／小ぶりなイングリッシュローズのスキャボロ・フェア。　中／同じくイングリッシュローズのハーロウカー。華やかでも、花色は周囲になじむピンク。　下／台木のノイバラに接ぎ木し、ウィーピングスタンダード仕立てにしたローブリッター。

グリーンローズガーデンでもっとも遅咲きのつるバラ、ピンク・ドロシー・パーキンス。丸いピンクの花を房状に下げる姿が愛らしく、梅雨に入る前の青々としたガーデンを彩る。

パーゴラに咲く淡いピンクはニュー・ドーン。返り咲くつるバラの先駆けで、名前は「新しい夜明け」の意味。トゲが多く誘引には手を焼くが、艶のある花びらは真珠のように美しい。その下の白いひと重咲きはロサ・ムリガニー。どちらもとても丈夫で旺盛に生長するバラ。

右上／クリームピンクのデリケートな花色のピンク・グルス・アン・アーヘン。アーリーモダンの繊細さが漂う。樹高1mほどの花壇向きのバラなので、小輪のビスカリアと合わせてファンシーに。
右下／ひと枝摘んだのは淡いピンクのマルゴス・シスター。小さなカップ咲きがかわいらしい。
左上／いち早く咲くオールドローズ。花がらを切ると秋まで開花するルイーズ・オディエ。
左中／繊細な花びらと、ダマスクの香りに恵まれたデュセス・ダンクレム。

白バラ、すがすがしく

カフェの窓に咲くロサ・ムリガニーも、けして毎年同じように咲いてくれるわけではありません。冬の間に丹精込めて枝を剪定し、誘引して、春のこの景色を迎えるのです。

「バラが咲いたら必ずエディティング、つまり修正点をチェックします。今年は窓の上にもう1本枝が欲しかったとか、思ったとおりのボリューム感で咲いてくれたとか、必ずフィールドノートに記録しています」

酔うほどにバラに包まれても、賑わうカフェが大忙しでも、欠かさず冷静にバラの景色を判断してきたことが、グリーンローズガーデンらしさを育んできたのです。

ピンクに次いで花数が多いのが、白バラ。すがすがしい彩りは、バラや草花の花色を落ち着かせる大事な役割も果たしています。ガーデン全体のなかで白バラのボリュームは足りているか、それもエディティングの大事なチェック項目です。

右／窓に咲くロサ・ムリガニー。1年に1度しか咲かない一季咲きで、秋にはオレンジ色の実をたくさんつける。　左上／「リマ」と命名したこのバラは、グリーンローズガーデン生まれ。アルバ・メイディランドに似た色形で、芳香がある。
左下／パーゴラに咲くアルバ・メイディランド。

こんもりと茂るシー・フォーム。ノバラの台木に接ぎ木してつくったウィーピングスタンダード仕立てなので、枝垂れる姿が楽しめる。

ピンクと紫のグラデーション

ピンク、薄いラベンダー色、濃い紫色までを集めたコーナー。朝日を浴びて花びらが輝いて見える。バラはスーヴニール・ド・ラ・マルメゾン、グレッチャー、インターナショナル・ヘラルド・トリビューンなど。

赤バラは控えめに

ピンクと白のバラが中心の庭ですが、赤バラも効果的に使って印象的な景色を描いています。白バラのつもりで購入し、苗に紛れていたのがアカノバラ。偶然このガーデンにやってきた赤バラが今では人気ものです。入口にあるウメの木の上から垂らし、入ってきた人が枝をくぐりながら通る抜ける仕掛けにしています。

アカノバラは日本の原種ツクシノバラの変種で、どこか素朴な雰囲気が漂う。トゲがないので道をふさぐように枝垂れても安心。

散ってもなお美しい花びら。

赤いバラの香りは？

バラを学ぶ、バラを伝える

グリーンローズガーデンのバラは、現在約４００株、約３５０種類を数えますが、始まりは斉藤さんのお義父さまが遺された20株のバラ。約30年前のことでした。

その中の名花ピースは今も立派な花を咲かせています。ピースは第二次世界大戦後の１９４５年、平和への願いを込めて命名されたバラ。20世紀を代表する完璧な品種といわれています。

「同じく義父が遺したグルス・アン・テプリッツは、宮沢賢治が愛し、育てたというバラ。かつて日光という日本名で親しまれていたそうですよ。バラを見ていると、そのバラが誕生した時代や、そのバラを愛した人の心に触れたような気がするから不思議なものですね」

同様に明治初期のころ、スーヴニール・ド・ラ・マルメゾンは世界図、サフロノは西王母、レディ・ヒリンドンは金華山、ジュセス・ド・ブラバンは桜鏡と日本人に親しみやすい名前がつけられ、流通していました。

バラについて調べ始めれば、メソポタミア文明の時代までにさかのぼります。ギリシャ、ローマ時代には貴族たちにもてはやされたにもかかわらず、ローマ帝国が没落すると、キリスト教から華美なものと否定されました。また十字軍時代を経て香料として熱望されるようになり、フランスの皇帝ルイ14世やマリーアントワネットを虜にした歴史も浮かびます。

「ナポレオン皇帝の元妃のジョセフィーヌが世界各地のバラを集めたバラ庭園マルメゾンには、日本の原種バラもあったというのです。歴史のロマンを感じます」

育てて咲かせることに重ね、歴史や系統をたどる楽しさもある。バラは奥深く、魅力的がつきない。

野村和子先生との出会い

「こんなふうにバラの歴史や生まれた背景を知ると、もっともっとバラが好きになる。それを教えてくれたのは野村和子先生です」

野村和子先生は、日本のバラの父・故鈴木省三先生の下で京成バラ園芸に勤務。現在バラ文化研究所理事などを務め、多数の著書があるバラの研究者。グリーンローズガーデンで開くバラの歴史と文化の講演会は毎年恒例となり、今年で8回めになります。

野村先生に学びながら、斉藤さんはガーデンにある名称不詳のバラをひとつひとつ調べていきました。そのなかで、最近になってやっと名前がわかったピンクのバラがあります。

「名前はキラニー。細長い上品なつぼみから緩い八重咲きになって、芳香があります。長い間気がかりだったバラのことがわかり、何だか肩の荷が下りたよう。しかもイギリスの著名な園芸家・ガートルード・ジーキル女史の庭にも、このバラがあったと先生にうかがい、一層感激したり、義父に感謝したり」

数えきれないほどバラを咲かせながらも、いっぽうで名の知れぬ古いバラにずっと気遣い、心を砕いてきた斉藤さん。

「義父は上手にバラを育てる人、義母はそれを気持ちよく生ける人でした。私はガーデナーになり、バラを披露し、その素晴らしさを分かち合うことが喜びになりました」

滝ノ入ローズガーデンではローズガーデナーを育て、ガーデニング教室やバラの剪定・誘引の教室を開く斉藤さん。その想いがバラを愛し、育てる人たちの裾野を広げています。

右／四季咲き性のグルス・アン・テプリッツはアーリーモダン。株全体が柔らかな印象の赤バラ。　中／30年たってやっと名前がわかったキラニー。1898年に誕生したアーリーモダンで、日本では洛陽の和名で親しまれていた。　左／名花ピースのファミリーは、現在380品種にも及ぶ。お義父さまのピースは今も立派な花を咲かせている。

バラの季節の小さな草花

バラと草花で景色をつくる。約20年前に出合った故村田晴夫先生のその教えが、斉藤さんのバラの世界観をがらりと変えました。

それまで別格な花と考え、周囲には何一つ植えずに育てていたバラ。それが草花とひとつになった瞬間でした。

「草花は幼いころから身近なものでした。母は庭先が空いていると草花を植え、株が増えればご近所に分けたり、いただいたり。それが里山の当たり前の暮らしでした」

村田先生のバラの庭づくりが、斉藤さんの心にぴったり重なったのです。

人と人を花で結ぶことは、もともと斉藤さんにとってとても自然なこと。日々の暮らしの延長がガーデンだったのです。ヤグルマギク、ラクスパー、ニゲラ、オルレア、カモミールなど、毎年こぼれ種からたくさんの草花が咲きます。

ガーデンにやさしい雰囲気をつくる草花のひとつ、ヤグルマギク。こぼれ種から毎年多くの花を咲かせ、小道を歩くと足元にからんできそうなほど。

右上／毎年種を収穫して咲かせているスイートピー。　左上／糸のように細い茎にごく小さな花を咲かせる繊細なビスカリア。　右下／ヤグルマギク同様に雨風に倒れやすいが、風に揺れる風情が魅力のアグロステンマ。白とピンク、赤紫色が咲く。　右中下／クレマチスのメアリーローズ。　左中下／ワイルドなムードのニゲラもこぼれ種から芽を出す仲間。　左下／ふわりと咲くレースフラワー。

ジギタリスの花壇

テラス席から手が届きそうな距離にある花壇。堂々と咲くピンクと白のジギタリスをメインにして、白とブルーの可憐なカンパニュラを合わせ、終わりに近づいたオレンジ色のビオラは差し色に。カフェに咲く白いバラは、アルバ・メイディランドとスノー・グース。

響き合うバラと草花

右／コーネリアのトンネルへ向かうと、道をふさぐように咲くのはアグロステンマ。細長い花穂がエレガントなチドリソウなどが咲き乱れる。ひとつひとつ草花を数えながら歩きたくなる小道。

上／白い群星のトンネルの前は、ジギタリスのステージ。　下／ガーデン入口近くのボーダーガーデン。アンリ・マルタン、ジプシー・ボーイなど濃色のバラ、紫色のクレマチス、オレンジ色のガイラルディアなどを植栽。タナセツム・ジャックスポットの無数の白い小花が、カラフルな色をまとめている。

花がら切りと、切り戻し

「草花は1度ピークを終えると、あとは衰えるばかりと考えがち。つい植え替えてしまいますが、草花の力は、まだ残っています」

斉藤さんが長年の経験から学んだのは、切り戻しというテクニック。手間はかかりますが、切り戻して再生し、もう一度花を咲かせます。オダマキは1輪咲き終わるたびに花がらを切り、ギリア・レプタンサは花後に茎の先を切り戻します。アグロステンマは茎が細いので、花がつく前にまず切り戻しておくと、太くて倒れにくい株が育ちます。

上／四季咲きバラは、花がらを切ることで2番花の開花を促す。
下右／オダマキの花がら切りは、種になる前にカットする。
下左／ギリア・レプタンサも切り戻しが効果的。

ギガンチウムとカモミールの関係

こちらは偶然から発見したカモミールとギガンチウムの混植。ギガンチウムの花はとても華やかですが、咲き始めるころに枯れる葉が悩みの種でした。ところがある年、カモミールが毎年芽を出す場所に植え替えたところ、ギガンチウムを追うようにカモミールが育ち、やがて葉を隠してくれたのです。今では枯れ葉を見ることなく、大きなギガンチウムの花を楽しんでいます。

ギガンチウムは夏の蒸れを嫌いますが、6月半ばに掘り出して秋に植えれば、翌年また開花するので、毎年足すのはたった3、4球です。ひと株の草花、1個の球根を大事に生かします。

右／5月末の満開のギガンチウム。甘い香りのカモミールが煙るように足元を隠す。
上／2月のギガンチウムと、芽を出したばかりのカモミール。
中／4月のギガンチウムは葉が青々としている。
下／6月上旬の花がらの様子。

友達の庭を訪ねる

藤田悦子さんのガーデンは、滝ノ入ローズガーデンのすぐ近くにあります。視界をじゃまするものがまったくないこの土地が気に入り、隣の市から車で通うガーデナーです。斉藤さんはバラのアドバイスをするいっぽうで、「とくに花色選びが上手で、繊細な草花を端正込めて植え込んだガーデニングがとっても素敵」と、藤田さんお見立ての草花を楽しみにしています。毎年藤田さんから分けてもらうブルー系のビオラは、グリーンローズガーデンの早春の定番です。

古い友人の中島静子さんの庭も滝ノ入地区にあります。ケーキやお菓子作りが上手でカフェを始めるときにずいぶん相談にのってもらいました。中島さんは仕切りがなく山まで続くような広い庭に、花と果樹を育て、最近は熱心に野菜を作り、コンパニオンプランツを研究中。ナスとオクラを植えるとオクラにアブラムシがつかない。乾燥が好きなトマト

右上／グリーンローズガーデンのビオラは、藤田さんの庭とお揃いのブルー。 右下／アンジェラのパーゴラでくつろぐ藤田さん(右)と斉藤さん。 左／藤田さんのガーデンも別天地。視界を遮るものがまったくない。

と水分好きのバジルを一緒に植えると相乗効果がある。カモミールは植物のお医者さん、弱った植物と植えると元気を取り戻すなど、手に入れた情報や知識を庭や畑で確かめています。「中島さんの実際の研究成果を聴くのが楽しみ」と、会うたびに話が盛り上がります。

上／春は周囲のサクラに囲まれる中島さんの庭。　中右／青いブルーベリーの実は、あと２ケ月もすると青黒く熟す　中左／赤いルビーのようなスグリも実る。　下／植物情報を交換し合う中島さん(右)と斉藤さん。

毛呂山案内①

滝ノ入ローズガーデン

滝ノ入地区に住む仲間と斉藤さんがローズガーデンを始めたのは17年前。当初、野菜畑の片隅に咲く草花をイメージしていたメンバーから、いつになったらバラは終わるのかと、バラの寿命を尋ねた人もあったそうです。

そんなバラ初心者たちと始めた「滝ノ入ローズガーデン」も軌道に乗り、山に囲まれた珍しいローズガーデンは知る人ぞ知るバラの名所になりました。オールドローズやイングリッシュローズを中心に、現在バラは1500株。春と秋にバラまつりを開催しています。

参加するボランティアは30人。近くの農家の人たちが中心なので、植物の扱いは手慣れたもので、自慢の長さ50mのバラのトンネルも、農業資材を多く利用しています。

こののどかなローズガーデンのバラまつりに、テレビ中継が入ったときは予想外の来園者があって、スタッフは混乱したり、狭い山道が交通渋滞したり…。そんな事件も滝ノ入ローズガーデンの歴史のひとコマになっていくのでしょう。

右／春のバラまつりは5月中下旬～6月初旬、秋のバラまつりは10月中旬～下旬の予定。　中／トンネルからシャンデリアのように下がるつるアイスバーグ。　左／「男女を問わず、30～80代の人たちが上手に誘引・剪定の作業をしています」とボランティアが支えるガーデン。

上／ポールズ・ヒマラヤン・ムスク・ランブラーの見事なトンネルが目印。「勢いで高くなったアーチ。見事でも脚立で届かないところが玉にきずです」。　下／山の緑を背景にバラが楽しめるローズガーデンは珍しい。

毛呂山案内②

花と畑と蔵と

毛呂山町の西側は、秩父連山に続く山地。山がちな滝ノ入地区は、ユズやウメ、ブルーベリーなどの果樹栽培が盛んなところ。段々畑や棚田などもあって、小さな田畑を大切にして野菜や米の耕作をしてきました。そんな限られた広さの畑でよく見かけるのが、季節の花。ジャガイモの畑の隅でポピーやヤグルマギクが花を揺らしていたり、ジャーマンアイリスが大きな花を咲かせたり。ハナビシソウやオルレアとネギの畝が並んでいるような畑も。野菜をつくるだけでなく、花を咲かせる遊び心が地域の共同意識としてあるのでしょう。ボランティアが滝ノ入ローズガーデンのバラをここまで育むことができた理由も、そんな意識があってのことかもしれません。

いっぽう、グリーンローズガーデンがある平山地区や毛呂本郷周辺を歩くと、立派な蔵がある家

右／ローズガーデンの影響を受けて、ジャガイモ畑の隅に咲くのはバラやペンステモン。　左／ナスの畑の向こうに見えるのは、カモミールやラクスパー。

をよく見かけます。とくに災害に見舞われたこともなく、大規模な区画整理もしていないため、蔵がある旧家が多いとのこと。畑の花と蔵がある風景に注目して、ハイキングコースを歩いてもおもしろいかもしれません。

上／春の花木と蔵が描くのどかな風景。
下／町内のハイキングコースを歩くと、白壁の土蔵をよく見かける。広い敷地の中にいくつもの蔵を遺す家もある。

第二章　夏の緑の中で

バラの季節が終わると、
日に日にガーデンの緑は濃くなり、
ひと雨降った翌朝は、
自然の力の大きさに驚かされます。
バラも草花も、雑草も
等しく夏の恩恵を受け、大きく成長します。

モナルダ、カラミンサ、ワイルドストロベリー、フェンネルなど、ポタジェから摘んできたハーブ。グラスに生けて涼を呼ぶ。

摘んだ雑草、花がらや剪定したバラの枝を積んでは一輪車で行ったり、来たりする。トンネルやアーチ、雑木が多いガーデンなので、日差しが強い夏は日陰を選んで庭仕事をしている。

初夏の花たち

梅雨入り前、小さなムラサキツユクサやチョコレート色のホリホックが咲き始めます。

「ホリホックは和名がタチアオイ。庭先や道端で、赤やピンクの花をよく見かけるでしょう。花穂が咲き上がると梅雨が明けると聞き、幼いころはこの花を見るたびに、早く青空になることを願ったものです」

ホリホックは地中海沿岸やアジアが原産と言われている植物。タチアオイといえば懐かしい花ですが、同じ花でもホリホックと聞けば、イギリスのガーデンの花を連想します。国が変わると、イメージが変わる植物は少なくありません。「イギリスのガーデンを訪ねたとき、ギボウシやこのヤマアジサイの仲間をよく見かけました。どれも日本の山野草ですが、里山に自生する植物が海を渡って活躍しているなんて、何だかとても頼もしい。いいものはどこへ行っても愛されるんですね」

これから梅雨が明けるまで、アジサイやアナベルがガーデンを彩ります。

ヤマアジサイの清楚な雰囲気が好きで、自生していたものを含めて、25株くらいを育てている。

シックな茶色のホリホック。風通しのいい日当たりを好む。この花穂が上まで咲き上がると本格的な夏が到来する。

右上／大きな葉を広げ、迫力のあるアカンサス・モリスもこの時季に開花する。花穂は 1.5 mにもなる。　中／白い花色がさわやかさを運ぶカシワバアジサイ。ピラミッド形の花穂が特徴。秋には紅葉も楽しめる。　右下／無数の白い小花を咲かせるタナセツム・ジャックスポット。春から夏まで長く咲く。　左下／淡いグリーンのアナベルは、次第に白っぽく色変わりしていく。アジサイはブルー系を植栽。

バラが終わると、パーゴラをクレマチスが彩る。高いところに咲く小さな傘のような形のクレマチスはブラックプリンス。足元に咲くのはアラベラ。

バラの名脇役・クレマチス

クレマチスはつるバラのパートナー。つる性同士で相性がよく、ガーデンのあちこちで顔を寄せ合う景色が見られます。カフェのパーゴラはバラが終わったあとも、クレマチスは咲き続けます。ここでは約80種類100株が咲き、春から夏が中心ですが、真冬、早春に咲くタイプもあって、一年中ガーデンのどこかでこの花が咲いていています。

「素朴なひと重咲き、花びらがひらひらする華やかな品種もあるし、チューリップを逆さにしたような壺形は、よく名前を訊かれます」

花形も多種多彩ですが、新枝咲き、旧枝咲きなど剪定の仕方が違うそう。クレマチスについて尋ねると、斉藤さんはとくにうれしそうに答えてくれるのです。

右／鉢植えにして壁に誘引したクレマチス。窓に小さな花がのぞく。右がブルーボーイ、左はリトルバタフライ。　左／中国の原種で、古くから茶花や生け花で親しまれてきたテッセン。

左上／うつむく白い花は清楚なムードのシルホサ。秋～冬の間咲き続ける。長い枝をスモークツリーに沿わせている。

上／かわいい壷形で、よく名前を尋ねられる這沢(はいざわ)。エントランスのアーチに咲かせている。　中／旺盛に成長して育てやすいカール。開花最盛期は驚くほどたくさん咲く。　下／パルセットは、白い花びらと紫色の花しんの取り合わせがおしゃれなムード。

上右／白万重。だれからも好まれる花色。咲き始めは緑色で次第に白くなる。花もちがとてもよい。　上左／かわいい壺形の赤い花は、天使の首飾り。1m ぐらい伸びて花がらを切ると繰り返し咲く。

上右／アーマンディの甘い香りは春の始まりのファンファーレ。常緑で 4m 位伸びてやや日陰でも咲く。　上左／インスピレーション。多花性で見応えがあり、枝は 2m くらい伸びる。　下右／うつむく水色のベティコーニング。クレマチスでは珍しく甘い香りがある。　下左／華やかなピンクのプリンセス・ダイアナ。丈夫で育てやすい人気品種。

真夏のガーデン

６月の中旬にオープンガーデンを終え、カフェを締めると、さっそくガーデンは模様替えです。

咲き終わったヤグルマギク、アグロステンマ、カモミールなどを片付けたら、ダリアの苗を植え付けて、センニチコウやケイトウ、クレオメなど、秋用の草花の植えつけです。

草木は青々と茂り、大きく伸びたつるバラのシュートが青空を仰ぐ風景があっちにも、こっちにも。強い雨や風に打たれて折れないように留めつける作業もあって、庭仕事に休みはありません。

「あとは、毎日続く草むしり。それでも樹木の陰を選んで作業ができるから、思うよりも暑さはしのげますよ」

右／カフェを閉めると、鉢植えにしておいたダリアを地植えにする。ジギタリスやヤグルマギクの花壇が、ダリアの花壇に変わる。中／初夏から秋まで咲き続けるルドベキア。左／草木が伸び伸びとする梅雨明けのガーデン。

毛呂山案内③

名づけて〝ミニフルーツ街道〟

斉藤さんが愛犬のハリーと散歩するのは、毛呂川沿いの静かな一本道。初夏になると道路脇のサクランボ、ビワ、クルミ、クワの木などが実をつけるため、斉藤家では〝ミニフルーツ街道〟と呼んでいます。

大好物のクワの実がいただける散歩道ですから、ハリーはご機嫌。ときどき大樹の陰でひと休みしては川沿いの道を歩きます。

「かつてこのあたりは養蚕が盛んでした。うちも養蚕に関わっていた1軒。今、ガーデンがある場所に大きな蚕小屋があったんです」

町のあちこちでクワを見かけるのは、蚕の飼料として生産していた名残。町の歴史を道端の樹木が物語っていました。

右上／緑の実はクルミ。果実の中に硬い殻が入っている。右中／黄色く色づき始めたビワの実。右下／初めは赤く、熟すと黒に近い暗紫色になるクワの実。中／6月中旬にホタルが見られる場所もある毛呂川。左／ハリーのもうひとつの好物がクズ。若いつるの先を一瞬にして平らげる。

絵に描いたような大きなネムの木陰でひと休み。
もうすぐ赤いふわふわの花を咲かせる。

初夏の実り

初夏の楽しみといえば果実。秋に負けない実りの季節です。斉藤さんが抱えてきたのはビワの枝。

「このビワを巡っては野鳥との駆け引きがあるんです。あちらは高いところから食べごろを見計らっていますから、私も毎日ビワの木を見上げて、実の色づきを確かめているんです」

一日で食べつくされてしまうこともあって、笑ったり、怒ったり。野鳥とのゲームは斉藤家の初夏の風物詩のひとつです。果実を野鳥たちと分け合いながら、たくさん採れたら果実酒、ジュースを作ります。ブルーベリーなど友人の庭からも季節のごちそうが届くので、食べきれなかった分をジャムにして保存します。

毛呂山では最近、夏のブルーベリー作りが盛ん。ブルーベリーの生産者や観光農園が増えています。

上／オレンジ色のビワ、黒っぽいクワやブルーベリーは、まずは摘みたてをいただく。青梅はシロップ漬けにする。下／庭の大木から枝ごと摘んできたビワ。左／黒く熟したクワの実。摘むと手が紫色に染まる。

〈ミント水の作り方〉

材料

水１ℓ

5〜6枚葉をつけたアップルミント2本

作り方

1）洗ったミントをギュッと握って葉っぱに傷をつける。

2）ミントをピッチャーに入れて水を注ぐ。

〈イチゴジャムの作り方〉

材料

イチゴ1kg（春に冷凍保存したものを使用）

グラニュー糖350g

レモン汁½個分

作り方

1）鍋にイチゴとグラニュー糖を入れ、弱火で煮る。

2）水分が出て来たら中火で煮詰める。

3）最後にレモン汁を加える。

〈ブルーベリージャムの作り方〉

材料

ブルーベリー1kg

グラニュー糖300ｇ

レモン汁½個分

作り方

1）鍋にブルーベリーとグラニュー糖を入れ、弱火で煮る。

2）水分が出て来たら中火で煮詰め、最後にレモン汁を加える。

夏の間にやっておくこと

バラは初夏に太くて立派な新しい枝、シュートを伸ばしますが、種類によってはこの枝を剪定します。また、秋バラのための夏剪定も大事な作業。枝を切ると一定期間を経て開花するバラの性質を利用して、秋のバラの準備をします。

「滝ノ入の秋バラまつりは10日間。この時期に開花が集中するように剪定するのです。成功すれば、まるで春のように秋バラがいっせいに咲いて、美しいというより壮観。バラ栽培って意外とダイナミックなんです」

さらに6月から咲き続けたダリアも、8月半ばに切り戻します。大型にもかかわらず茎が中空なダリアは、折れたり倒れたりするトラブルがしばしば。ばっさり深く切り戻すと9月には元気に再生して、また大きな花を見せてくれます。

上／斉藤さんが抱えるピンクの大輪ダリアは「愛の国」。品種によって人の顔と同じくらいの花が咲くダリア。　下／夏の庭で摘んだ色とりどりのダリア。花は小さくなるが、剪定しなければ夏の間も咲き続ける。

〈四季咲きバラの夏剪定〉

8月末から四季咲き性のバラは、株全体の上から約1／3を切る夏剪定をします。切ってからゆっくり咲くイングリッシュローズやシュラブは8月24日ごろ。そのあとハイブリッドティ、フロリバンダを剪定し、チャイナ、ミニバラは9月4日に剪定。剪定から開花までの日数はおよそ種類別に分けられます。地域や環境で日数は異なるので、剪定日と秋の開花日を毎年記録するといいでしょう。

〈バラのシュートの処理〉

バラは5月ごろから元気のいいシュートが出ます。木立性バラはシュートを剪定し、残った枝を丈夫に育てて花を咲かせますが、つるバラはここに来年花が咲くため、切らずに保護しておきます。

右／30～40cmの高さで切り、残った枝をしっかり育てて花を咲かせる。左／木立性の若いシュートは手で折れるくらい柔らかい。

〈ダリアの切り戻し〉

夏は草丈がぐんと伸び、害虫が出やすく葉も傷むので、大きく切り戻して、秋の庭のために備えます。

右／60cmくらいの高さで茎をカットする。中／茎の中は中空。左／雨水がたまって茎が腐らないように、アルミホイルで蓋をする。

ピクルスの作り方は、酢1ℓ、水1ℓ、砂糖200g、塩100g、そして適量のローリエ、黒粒胡椒、唐辛子をすべて混ぜ、一度煮立ててピクルス液を作り、冷ましてからキュウリ、トマト、セロリ、パプリカ、枝豆など好きな野菜を漬ける。

ポタジェと夏の味わい

春はチューリップやパンジーなど目を楽しませる草花がメインですが、夏はおいしいポタジェに変わります。ハーブや葉もの野菜が茂り、隣の畑も夏野菜が食べごろです。

「採れたては本当においしい。たくさん採れると、ピクルスにして保存します」

一筋縄ではいかないバラを庭中に咲かせる斉藤さんは野菜作りも玄人はだし。畑に向かうと、ピーマンやオクラを手かごいっぱいに摘んできました。

「少しくらい虫に食べられているほうが、むしろ安心でしょう。防虫は何もしていません。肥料は庭の雑草と生ごみで作る堆肥と、近くの牧場で分けてもらう牛糞だけです」

おいしくて安心な理由がわかります。

右／初夏から夏にかけてポタジェはハーブと野菜が充実。チャイブ、ボリジに交ざるのはサニーレタス。上／ポタジェのハーブ。紫色のシソから時計回りに、アップルミント、カモミール、レモンバーベナ、ワイルドストロベリー、ブラックミント。下／「この辺の人たちは、自分が食べるぐらいは庭先で作っていますよ」と、採れたてのおいしそうな野菜がどっさり。

〈ウメジュースの作り方〉

材料

青梅1kg、氷砂糖1kg、リンゴ酢100cc

作り方

①青梅は洗って水気を拭き取り、竹串などで刺して穴をあける。②瓶に青梅と氷砂糖を交互に入れ、最後にリンゴ酢をふりかけ蓋をする。③氷砂糖が溶けるように時々瓶を揺する。1ヶ月くらいで出来上がる。

〈シソジュースの作り方〉

材料

シソ2束（600g）、砂糖300〜400g、穀物酢300ml　水2ℓ

作り方

①水を沸騰させてからシソを入れ、20分煮る。②シソを取り出し、砂糖と酢を入れる。酢を入れることできれいな赤紫色に変わる。③もう一度煮立たてて出来上がり。

毛呂山案内④

キツネノカミソリ

ここは春に白いイチリンソウ、ニリンソウが咲いた林。夏の終わりにはオレンジ色に染まります。この花はキツネノカミソリ。不思議な名前は、カミソリに似た葉が早春に出て夏に消え、そのあと炎のような花が急に咲くため、狐火に見立てたとか。葉が化けて消えることからキツネの名がついたともいわれています。

「昔、男の子は『鼻の脂をちょいとつけて…』と調子をつけてから、手を刀に見立て、すぱっと茎を切って遊んだそう。暑い最中、日差しをしのげる林の中はいい遊び場だったんですね」

この花が咲くのはちょうどお盆のころ。お盆は農閑期に当てられたため、7月23日から3日間。先祖を敬い、〝お盆さま〟と〝さま〟をつけて呼びます。

上／山野草では珍しいオレンジ色のキツネノカミソリ。ヒガンバナ科の植物。
下／青いクリの実を見かける時季。

毛呂川沿いの林に広がるキツネノカミソリの群生地。あまり見かけない山野草になったが、かつては子どもたちの遊び道具のひとつだった。

第三章　秋風が運ぶもの

朝晩に吹く風が心地よくなると、
雲の色、風の音もどことなく秋の気配。
草木の色も変化し始めると、
グリーンローズは
秋のオープンガーデンの準備を始めます。

Garden Cafe
Green Rose

初秋の草花

初秋は雨が多い時季。這うように咲くノギクの姿は雨のあとを感じさせます。

「小さな野の花たちが、こうして季節を運んでくれる。秋の始まりは、少し寂しげな花に心惹かれますね」

いっぽう夏から咲き続けるのは、ユニークな花形のネコノヒゲ、クレオメ。

「クレオメは夏中ずっと咲いて、次の季節につながる元気な花。昔ほど見なくなりましたが、8月に切り戻すと、11月まで咲き続けてくれる優等生。私は毎年種をまいて育ててます」

春のバラの時季から咲くカラミンサや初夏から咲くユーパトリウムも、切り戻しをすると秋の景色も彩ってくれます。

「秋は春よりバラの丈が高いから、これから咲き始める草花は、草丈を意識して花選びをしています」

シュウメイギクが秋風に花を揺らします。


上右／可憐に見えてもノギクは野の花。増えすぎないように気をつけている。　上左／木の下など半日陰を好むシュウメイギク。　中右／ピンと飛び出した雄しべや雌しべがユニークなネコノヒゲ。　中／ひらひらと舞うチョウのような姿から別名・風蝶草。　中左／秋の野山に咲く趣を漂わせるオミナエシ。下右／こちらも夏から咲き続けるベロニカ。　下中／ユーパトリウムも何度か切り戻して10月まで咲かせている。　下左／細い花をたくさん下げ、秋らしい風情のある山野草のアキチョウジ。

薄紫色の花、小さな葉や細い茎もはかなげなノギク。倒れたり、周りにもたれたりしながら咲き、ガーデンに里山の風情を運んでくれる。

オープン前のカフェで

今日から秋のオープンガーデン。テーブルと椅子をテラスに運んで、カフェは準備万端。

「もう少し、何か彩りが欲しいから。ちょっと摘んできますね」

そう言って斉藤さんが摘んできたのはひと抱えほどあるコスモス。満開を運び込むと、カフェは途端に華やかに。畑で育てた赤いオクラを合わせ、カフェの中央にあしらうと、まるでコスモス畑が生まれたようです。

カウンターには今朝、家の周りで摘んできたというエノコログサやノギクなど。野の花が秋の空気を運んでいます。

「野の花やグラスをあしらう田園風のアレンジを、フランスではシャンペトルというそう。こちらは毛呂山風、里山スタイルかしら」

軽やかに、楽しそうにカフェを整えていく斉藤さん。そろそろカフェはオープンの時間です。

夏の間に伸びたバラの枝を整え、パーゴラの下のテラス席は秋も特等席。

畑で摘んだコスモスを抱える斉藤さん。オープンガーデンを訪ねる方の目印になるように、道路際の畑に春はポピー、秋はコスモスを植えている。

上／散歩の帰りに摘んできた野草が里山の空気を運ぶ。軽やかなエノコログサ、ノギク、アザミ、ミズヒキ、タデなど。　右／ふんわりとやさしいコスモスを引き立てるように、硬く尖った赤いオクラをアレンジ。アクセントに黄色いルドベキアを少し添え、カフェの中央へ。　左／窓辺には可愛らしい飾りも。

秋の人気者・ダリア

　切り花でよく見かけるダリア。ガーデンで楽しむ人はまだ多くないようでが、斉藤さんは10年ほど前から秋の庭に生かしています。

「幼いころから畑の隅に咲く大きなダリアを見てきました。その見慣れたダリアをガーデンでどう魅力的に見せられるか、毎年試行錯誤し、楽しんでいます」

　草丈があって茎も太く、強い存在感があるので、選ぶのは中小輪のボール咲きやポンポン咲き。最近はグラス類と組み合わせて秋の庭になじませています。花も空洞の茎も風雨の影響を受けやすいものの、晴天が続けば秋のガーデンを華やかに彩ってくれます。

「ピンクや白い花が多い春のローズガーデンでは、赤い花を取り入れにくいのですが、秋は色づく季節。紅葉や実ものの色とつながって、赤い花がよくなじみます。私も季節の景色に動かされて、自然と赤系やオレンジ系の花が恋しくなりますね」

右／煙るような赤い花穂のグラスは、ミューレンベルギア・カピラリス。「来年はこの赤いグラスに黒蝶を合わせてみたい」と、来年のプランを練る斉藤さん。　左／夕日を浴びて花穂が光るペニセタムのパープルファンテングラス。

右／白地で弁端が赤く染まるウエディングマーチ。　中／アプリコット色がさわやかなピーチンスクリーム。　左／切り花でも人気が高い黒蝶。

右／真っ赤なレッドスターはボール咲き。グリーンローズガーデンでは大冒険の花ですが、秋の庭としっとりなじんで。左／ノバラの実とよく似た彩りのダリアは牧歌。まん丸に咲くこのボール咲きやポンポン咲きの中小輪が栽培にはおすすめ。花びらも丈夫で花もちがよい。

秋バラを数えながら

「薄紙をはがすようにほころぶのが秋バラ。1輪の寿命が長く、ぽつりぽつりと咲くうちに、徐々に花数を増やすのです。目で見て喜んだり興奮したりするのが春のバラ、しっとり感じるのが秋のバラでしょう」

グリーンローズガーデンは10月中旬のオープンガーデン期間に咲くように夏の剪定をして、開花調整をしています。一季咲きのつるバラやオールドローズが多いため、秋バラの数はそう多くありませんが、1輪が漂わせる風情は格別。10月半ばを過ぎると昼夜の温度差が大きくなり、つぼみからゆっくり花になるため、花色が濃く、香りも深いのです。

秋はカフェでお客さまとお話ができる機会が増えますが、バラの質問をたくさん用意している場合は、なるべく静かな雨の日に訪ねることをすすめています。

秋のガーデンは10月上旬から11月中旬までオープンしています。

剪定をしても枝が伸びるため、秋バラは樹高が高くなる。バラに埋もれながら、幸せな時を過ごす斉藤さん。手元に咲く大きな花は名花ピース。

右上／イングリッシュローズのヘリテイジ。　右中／コティヨン。　右下／リッチフィールド・エンジェル。　左上／ラ・フランスはモダンローズの第１号。　左下／アーリーモダンのグルス・アン・テプリッツはオールドローズの風情を残し、うつむいて咲く姿が美しく、香りも高い。

花がら、ドライ、種のこと

「落ち葉が舞い始めると気になるのが、セカンドインタレスト。ヨーロッパのガーデンでは花の後、立ち枯れた姿をもう一度味わうセカンドインタレストという習慣があります。花は枯れてもなお愛おしい。ガーデナーの気持ちがよくわかります」

とはいえともすると初冬まで木々が青い関東の気候。周囲と立ち枯れた花がなじむ景色が楽しめるのは、ほんの短い間です。

11月の中旬にガーデンを閉園すると、さっそく来春の準備。ケイトウ、クレオメ、アマランサス、アワ、ヒマなどの種を収穫します。こぼれ種も芽を出しますが、質のいい種を選抜して確保するためです。チューリップは毎年1000球前後も買い足し、1球1球土を掘っては植え込む作業が年末まで続きます。

日本ではそっけない花の写真が多いが、オランダやイギリスの種袋は絵やデザインがかわいらしい。

立ち枯れたルドベキア、ケイトウ、シュウメイギクなど。摘み取ればドライフラワーとして楽しめる。

右上／天気のいい日に収穫し、紙袋に入れて保存する。ケイトウ、クレオメ、ヒマ、サルビアなど。収穫は11月、種まきは6月。　右下／「毎回約1000球も植えるので、うっかり球根を交ぜないことが大事です」　左上／秋の花の種は袋に入れ、まき時の6月まで保管する。　左下／色鮮やかなドライをロウに沈めて使ったキャンドル。ルドベキアやセンニチコウ、バラの実を使って。

色づく季節

「バラの実。これもセカンドインタレストのひとつですね。窓にちりばめられた赤い実を味わいながら、5月の白い花のことを想い浮かべ、気持ちは春と秋を行ったり来たり…」

たわわに実った数だけ、いえ、それ以上花は咲いたでしょう。赤い身をつけた枝があちこちに下がり、ガーデンはまるでビーズを縫いつけたカーテンをかけたよう。

バラは花の色形が異なるように、実も大小色形がさまざま。大輪のモダンローズだからといって大きな実をつけるわけではなく、観賞価値のある実をつけるのはつるバラやオールドローズ、ワイルドローズなど、

窓の外からのぞき込むのは、ロサ・ムリガニーの赤い実。窓を少し開けて招いてあげるだけで、ガーデンとカフェの空気がひとつになる。

一季咲きのバラがほとんどです。

ドアに掛けたスワッグは、フロリバンダローズのローズ・ロマンティックの実とミューレンベルギア。咲いた後に花がらを切らないと、四季咲きバラも実をつける。ただし花は繰り返して咲かなくなる。

「今摘んだ実を広げてみましょう」と、斉藤さんが並べたのはすべてバラの実。バラの花が多種多彩であるように、実もさまざま。

バラの季節には真っ白な花をちりばめていたカフェの壁が、ビーズのような赤い実（ローズヒップ）で彩られる。バラは原種のロサ・ムリガニー。

苗を育てる

種まきのシーズンは大きく分けて1年に2回、6月と9月。ガーデンが休みの間に手がけて、開園中に花が盛りになるように調整しているため、グリーンローズガーデンでは通常のまき時と少し異なる時期にまくものもあります。

ケイトウ、クレオメ、コスモス、センニチコウなどは梅雨入り前に苗床に種をまき、梅雨明け前にはガーデンに植えつけておきます。9月はラクスパー、スイートピー、ワスレナグサなど、春用の種まきです。

「ニゲラ、オルラヤ、ヤグルマギクなど草花の多くはこぼれ種から足の踏み場がないほど芽を出すんです。ただし、花色が混ざってしまうので黒いヤグルマギクは、種をまいています」

秋に種をまいた苗は11月から年内に植

愛用の長靴。寒さが厳しくなる11月末からは防寒用のブーツに履き替える。

えつけ、根を育てて寒い冬に備えます。よく耕した花壇は年が明けると10㎝くらいの霜柱ができるため、よく根が張っていないと土からはがされてしまうこともあるのです。

9月にまいた苗はすべて12月中に植えつける。花壇に苗を並べ、レイアウトしてからひとつひとつシャベルで土を掘って植えていく。シーズンごとに植え替えるこの花壇はよく耕すため、冬は毎朝約10㎝の霜柱ができる。

右／6月上旬に種まきをしたセンニチコウなどは、梅雨明け前に植えつける。　左／ガーデンが閉園しているときが種まき、苗の植えつけのシーズン。

ハギの枝を刈る

「ポタジェにイチゴのバスケットを作って、スイートピーのオベリスクにもしましょう」

ハギの枝を刈り取る夫の克之さんに声をかける斉藤さん。ハギは秋の七草のひとつ。同じくクズ、ススキ、ハギも生活用品の材料で、クズから衣服を、ススキは屋根を葺き、ハギは束ねて箒などに利用したといわれますが、斉藤さんも毎年刈ってガーデンで活用しています。

「ひと株のハギから抱えきれないほどの枝が切れて、本当に重宝。これを何に使おうかと考えるのが楽しいの」

里山に生まれ育った斉藤さんは枝を切るも枝を生かすも、自然と身につけてきたこと。長い枝も難なく操り、克之さんが刈り取った枝を手際よく束ねたら、ふたりで抱えて納屋へ運びます。

ハギは冬前には地上部が枯れるため、刈り取って新しい枝に更新する。2m ほどの立ち枯れた枝を刈り取るのは夫の克之さんの仕事。よく乾燥した日に刈り取る。

剪定したハギを仲良く運ぶ克之さんと斉藤さん。刈り取ったばかりは水分があるので、枝は重いが、乾くと軽くて扱いやすい。

上／克之さんがハギの枝を編み込んで作った、大きなイチゴのバスケット。イチゴは少し高さを出して水はけをよくしてあげるとよい。右下／この白花のハギが咲くのはちょうどヒガンバナが咲く9月中旬。ハギの枝は細くて扱いやすく、しかも丈夫。　左下／スイートピーのためのオベリスク。小さな芽はやがて春になると巻きひげを絡めながら、ハギの枝に花を咲かせる。隣はメキシカンセージを霜から守るススキのワラ囲い。

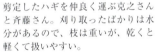

ガーデニンググッズ

広い庭なのでシャベルもハサミも置き忘れて落ち葉に隠れてしまったら、見つかりません。散逸しないように、使ったものは必ず定位置に戻します。

ガーデンに出ると、すぐに花がら切りをしたくなるので、草花用のハサミは必携。腰のベルトに下げています。バラや雑木の枝を切る剪定バサミも同じく必需品。

「モダンローズはシュートも、花がらも気づいたらすぐに切らないと間に合わない。常に身につけています」

コンパクトなノコギリもポケットに入れています。ジュートの麻ひもは両手で持つくらい

広いガーデンだからうっかり道具を置き忘れると、なかなか見つからない。大きな道具も紛れにくい場所へ。

もちろん腕や足は基本の道具。剪定した重たい枝も力強く運ぶ斉藤さん。

の大きな玉を、毎年3個購入。小分けにして使います。皮手袋は擦れてしまうので5組は必要です。

右上／大きな緑色のジョウロはグリーンローズのシンボル。オレンジ色のカラスウリをぶら下げて。　右下／ガーデン用から古い農作業用まで並ぶ道具小屋。　左上／斉藤さんがいつもベルトに下げているのは、右から剪定バサミ、麻紐入りの小袋、草花用のハサミ。　左下／旅先で買ったガーデニンググッズ。

毛呂山案内⑤

ヒガンバナが咲く風景

毛呂川脇の林はキツネノカミソリが咲いたあと1カ半月もすると、ヒガンバナで真っ赤に染まります。隣の日高市にはこの花の名所、巾着田がありますが、毛呂山でも田んぼの畦や土手でよく見かけます。球根には毒があって、彼岸のころにいっせいに咲いて、いっせいに終わる。そのあと葉を茂らせ春には枯れる。通常のサイクルとは異なる植物です。

「滝ノ入方面へ向かうと、あちこちで赤い花の風景が見られます。ヒガンバナにいい印象をもたない人が多いかもしれませんが、よく見ると花はくるりとまいた細いリボンのよう。真っ赤ではければ、ガーデンに取り入れてみたい繊細な花です。ススキも花穂をなびかせ、日差しも気持ちがいい。ハイキングに絶好の季節ですね」

右／ヒガンバナのそばに咲く小さな花はステゴビル。埼玉県指定の天然記念物。　左／くるりと巻いたリボンを集めたようなヒガンバナ。よく似た園芸品種のリコリスは仲間。

上／「1輪を見るときれいな形の花ですが、この赤はとても印象強い。こうして大きな緑の中に咲いてこそ美しい色でしょう」　中／抜けるような青空に伸びやかなススキの姿が映える。　下／毛呂川の対岸、越生市側にもヒガンバナが咲く。

第四章
冬の彩りと次の季節のために

穏やかな冬の日。散歩道の毛呂川の土手では、カモやシラサギ、カワセミ、セキレイなど野鳥の姿をよく見かける。秩父の峰は白くなることは少なく、山々が黒く連なる。

秩父の峰々がさらに鮮やかに見えるようになると、
裸木と枯れ草色に変わるガーデン。
ときに目が覚めるような艶やかな花を
咲かせながら
次の季節の準備を整え、
静かに寒さを乗り越えるのです。

土手は一面枯れ野原。朝早い時間に訪れると、霜が降て辺り一面が真っ白に。まるで雪が降ったような風景になる。

最後のバラを飾る

12月のよく晴れた日に、その年最後のバラを摘み取りました。バラが咲くのは秋までと思いがちですが、四季咲きのモダンローズやイングリッシュローズは、品種によってぽつりぽつりと初冬まで咲き続けます。そのバラを1輪ずつ確かめるように摘み取る斉藤さん。朝霜が溶けたのでしょう。バラが手元を濡らします。

「冬のバラは寒さをしのぐように、控えめに花びらを開いて、けなげに咲く姿が何とも愛おしいのです」

その数はわずかに見えて、摘み始めるとすぐにひと抱えするほどに。まだ色を残す草花を合わせて、今年1年の感謝や祈りを込めてあしらいます。

静まり返っていたカフェに、華やかなバラの明かりが灯る。冬のバラはとても長もちして、玄関など加温をしない場所に飾れば1カ月ぐらい楽しめる。

「なかには、寒さで咲かずに終わるつぼみもありますね」。自然の厳しさに耐えたものだけが、冬のガーデンを彩るバラになる。葉も青々として。

右／「まだつぼみが残っていますね。お正月もバラを飾って迎えられそうです」と、バラに手を伸ばす斉藤さん。　中／冬にふさわしい名の新雪。返り咲き性のつるバラ。　左／オールドローズのような表情をしたピンクのバラは、セント・エセルバーガー。寒さで開き切らない冬のバラ。

アプタン先生のユズジャム

毛呂山は「桂木ユズ」の名で知られるユズの産地。庭先にユズが実る家をよく見かけ、斉藤家でも5本のユズから毎年たくさんの実を収穫しています。

摘み取ったユズで斉藤さんはさっそくジャムを作ります。このユズジャムのレシピは、義理のお母さまが作っていたもの。明治41年に宣教師として来日して、昭和41年まで毛呂山に暮らしたアメリカ人のアプタン先生から教えてもらったというレシピです。当時、貴重だった砂糖を贅沢に作った甘いジャムで、斉藤さんは砂糖を半量にアレンジして作っています。

「アプタン先生がユズを見て、当時どうしてジャムを連想したのか…。アプタン先生との交流についても、義母に聞いておきたかったことです」

斉藤さんは大きな鍋で3キロずつユズを使ってジャムを作り、毎年お世話になった方々へ贈ることにしています。

右／ユズの木は全部で5本。最初は料理や湯船に浮かべる分だけ少しずつ摘み、最後は家族総出で摘み取る。
左／さまざまな料理の味付けや薬味に使い、「冬の間は毎晩ユズ湯に入ります」と斉藤さん。

〈アプタン先生のユズジャムの作り方〉

材料
ユズ1kg、砂糖1kg、水10.5カップ

①ユズを1／4の大きさにカットし、皮と実を分ける。皮は細切りにする。

②細切りにした皮に水7カップ、実に水3.5カップをそれぞれ合わせ、別々の容器に入れて24時間浸け置く。

③24時間たったら実を布巾で絞る。細切りにした皮、絞り汁、それぞれの浸け汁を鍋に入れて中火にかける。沸騰したら砂糖を2、3回に分けて加え、アクを取りながら中火で45〜50分煮詰める。

ユズジャムは最後に火を止めるタイミングが肝心。「ちょうどいいとろみと、澄んだ琥珀色に仕上がると喜びもひとしおです」。ビンに詰め、きれいにラベルを貼ったユズジャム。

バラの実のクリスマスリース

12月になるとバラの実が赤く熟します。若いうちに摘み取るとしなびてしまうので、よく熟したころを見計らって収穫。初夏のビワの実と同じように野鳥が空から狙っているので、摘み取るタイミングが大事です。

このバラの実を使って毎年リース教室を開きます。材料はバラの実、ヒバやモミ、クリスマスローズの葉など、すべて庭から摘んだものばかり。いろいろな実をたっぷり使う贅沢なリースですから、毎年参加する人が多い評判の教室です。今年もバラの実は上出来。野鳥たちにもたっぷりわけてあげられます。

ビーズのように赤い小さな実はノイバラ、ロサ・ムリガニーやグラウスなど。大きな葉はクリスマスローズ。ヒバやモミも使ったリース。

〈クリスマスリースの作り方〉

材料
バラの実各種、モミ、ヒバ、クリスマスローズの葉など、リース形吸水性スポンジ

①まず、大きめな葉を吸水性スポンジに刺しながら、出来上がりをイメージする。

②バランスよく葉と実を挿し、吸水性スポンジが見えなくなるまで花材をあしらう。

③リースが完成。壁に掛けても、テーブルリースにしてもよい。

右／「野鳥に食べられる前にローズヒップを収穫できてよかった」とひと安心。楽しそうに花材を選ぶ斉藤さん。カフェに飾る見本のリースを作っている。　左／「ハリー、かわいい！素敵！」と論され、やっと頭にリースをのせてくれたハリー。

右／こうして小さなリースやスワッグを作って庭の枝やアーチに下げると、野鳥が遊びにやって来る。
左上／グリーンローズガーデンで巣作りもしているシジュウカラ。高い枝から、バラの実を扱う斉藤さんの様子をうかがっているよう。　左下／収穫しておいたバラの実。

野鳥たちへプレゼント

バラの実は野鳥たちにも分けてあげたいので、摘み取ったあと、ときどきリースやスワッグにして庭木に吊るします。種類によってフルーツのような甘い果肉の実もあって、食べ物が少なくなった時季にはかなりのごちそう。あるとあるだけついばんでしまうので、雪が降った日や雨が続いたあとに与えることにしています。ピーナツも野鳥の大好物。殻に穴を空けておくと、小さなシジュウカラは上手に中身だけついばんでいきます。

「ところが、今年は焼きもちやきのヒヨドリが大きなくちばしでピーナツリースを粉々にしてしまうの。ヒヨが来る前に、さあ、降りてきて！」

高い枝でこちらを見ているのはシジュウカラです。

モッコウバラのつるリース

右／モッコウバラのドームから、すっと伸びたシュート（新しい枝）をカットする。モッコウバラはトゲがないので扱いやすく、細い常緑の葉はとてもきれい。　左／シュートを直径30㎝くらいに丸めてリースを編む。枝は弾力があって丸めやすい。枝の間にバラの実をあしらえば、モッコウバラのリースが完成。

ピーナツリース

左／殻つきのピーナツをつなげたリースは野鳥の大好物。とくにシジュウカラやヤガラがよくついばみに来る。リースの隣に下がるのは、ローズヒップのスワッグ。　中／実が落ちない程度に殻の両端をカットし、中央を千枚通しで穴を空ける。左／ピーナツの穴にワイヤーを通し、両端を結んでリースにする。

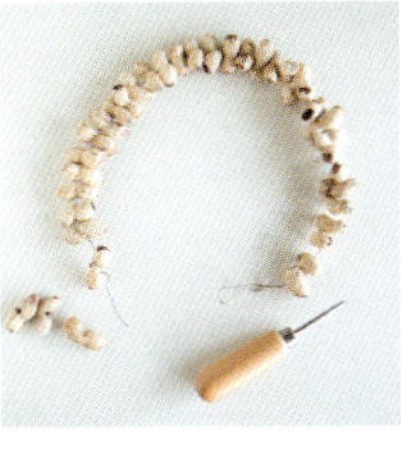

バラを剪定・誘引する

「真冬は頬が切れそうなほど冷たい風の日もありますが、それでも風が止めば日が当たった背中はポカポカしてきますよ」

こんな日はバラの誘引日和。寒くてバラが休眠するため、剪定に最適な時季なのです。まず、バラの枝をトンネルや壁から外し、葉を取り除き、剪定します。つるバラやオールドローズは旺盛に枝を伸ばしますから、花つきが悪くなった古い枝は思い切って切り取り、シュートを生かしながら、再びもとの場所へ誘引します。時間も手間もかかる剪定や誘引をするからこそ、コンディションがいい枝にたくさんの花が咲く。グリーンローズガーデンらしい景色が生まれるのです。

「脚立に乗って高いところでバラを誘引していると、もそもそと何かが脚立の足元を横切ることも。脚立の上にいる私に

剪定・誘引が終わり、骨組みだけになったつるバラ。「1年のうちでこの風景がいちばん好きという人もいるほど。きれいに仕上がったときは何とも爽快です」

気がつかないのでしょうね。毎年タヌキに出合えるのも冬作業のときです」

〈誘引の手順〉

留めつけたい2本の枝に麻紐をかける。

2本の枝の間に余裕を持たせて麻紐で結ぶ。

ほどけないようにコマ結びにする。

不要な麻紐の先を切る。

上／剪定・誘引をするときに必携のセット。手かごには水筒、カップ、お菓子が入っている。　下／全長8mのトンネルの誘引も、丸2日で仕上げてしまうという斉藤さん。

摘んだ枝を利用する

倒れやすい草花には支柱が必要ですが、カラフルな合成樹脂が塗ってある支柱が見えては興ざめです。ナチュラルな景色も台無し。そこで斉藤さんが思いついたのが剪定した枝を利用すること。

「きっかけはスギの小枝。裏山のスギは強風が吹くたびに小枝を落とすので、何かに使えないかと考えていたところ、克之さんが小枝を編んで柵を作ってくれたのです」

その発想から今ではヤマボウシの小枝、フジづるなど、庭から出る不用品をフル活用。製材業者から木のチップを譲ってもらい、小道に敷き詰めて雑草が生えないように工夫もしています。

刈り取った枝葉を大切に使う

右上／剪定したヤマボウシの枝。細かく別れた小枝は草花の支えに最適。　右下／茎が柔らかくて倒れやすいアグロステンマに、ヤマボウシの支柱を立て、倒れないように保護する。上／左の円錐形は、ススキで作った霜よけ。寒さに弱いメキシカンセージを守っている。

上／製材業者からもらっているチップ。踏みしめると、枯れ葉や枯れ枝が積もる山の中を歩くよう。
下／雑草や落ち葉を集めるごみ置き場。剪定したときに出るウメの新梢を毎年知人から譲ってもらい、庭の隅に大きなバスケットを克之さんがきれいに編んでいる。

スギの小枝で作った低い柵。牧場風のさわやかなムードがチューリップとマッチ。

〈キンカンのフルーツティー〉

フルーツティーのいれ方
リンゴ、キウイ、オレンジ、イチゴ、レモン、メロンなど、カットした好みのフルーツ、キンカンの甘露煮を耐熱用のティーポットに入れ、紅茶を注ぐ。煮立てて香りが立ってきてからいただく。

キンカンのフルーツティー

冬の間も元気に庭仕事ができるように、健康には気を使っているかといえば、「寒いと思ったら、もう一枚服を着ることぐらいかしら…」と斉藤さん。

特に健康に気遣うようでもありませんが、何しろ昔から〝冬至にユズ湯に入ると風邪を引かない〟というユズ風呂に毎晩入り、ユズを味わう日々。元気に庭仕事ができる秘訣はそこにあるのかもしれません。

年末にはキンカンの実も色づきます。苦みがあるせいか、野鳥たちに狙われたことはありませんが、こちらも昔から風邪予防に効果があるといわれる民間薬です。

冬の庭仕事の合間や、お客さまのおもてなしによく作るのが、このキンカンの甘露煮を入れたフルーツティー。好きなフルーツとキンカンの甘露煮を入れたフルーツティーは、甘酸っぱさと紅茶の渋みが口いっぱいに広がる、冬の贅沢な味わいです。

〈キンカンの甘露煮〉

材料

キンカン1kg、砂糖500g、レモン1個分

作り方

①キンカンを洗い、縦に1㎝の包丁目をいれる。

②米のとぎ汁を煮立て、キンカンを入れて4～5分茹でる。

③②を水で洗って水の中に30分さらす。途中で2回水を取り替える。

④ホーロー鍋に茹でたキンカンと砂糖を入れて灰汁をすくいながら40分煮る。

⑤④にレモン汁を加えてひと煮立ちさせて出来上がり。

ツバキ、鮮やかに

枯れ木や枯れ草ばかりと思いがちですが、冬はツバキが里山を彩ります。ツバキの垣根や大木がある家は少なくありません。

「落ちてから、すぐに拾って水に浮かべてあげると、落ちツバキは、またそこから楽しめます」

品種によって花期が異なるので、年末から咲き始めて3月まで開花。濃色の葉に隠れながら咲くツバキですが、摘んで少し葉を落としてみると、その艶やかさに驚かされます。そこだけ春がやってきたようです。

右／「数輪切ってさっと玄関にいけると、それだけでお客さまに喜んでいただける花です」　左上／和の花と思いがちなツバキが、バスケットにあしらうとカメリアと呼びたくなる表情に変わる。　左中／落ちたツバキも水に浮かべるとまた楽しめる。　左下／敷地内にあるヤブツバキの大木。

冬から春へ、クリスマスローズ

冬の貴婦人といわれるクリスマスローズ。うつむく可憐な花が冬の庭に1輪咲くと、それは嬉しいもの。春が近づくにつれて、草丈が伸び、微妙に異なる表情の花がガーデン中に咲き出します。

「クリスマスローズは手間がかからず丈夫な宿根草。長く咲くので、最後は惜しみなく切ってドライにして楽しんでいます」

上／ひと重の花はドライにしやすい。
右／うつむいた姿は可憐でも、こぼれ種からも増える丈夫な宿根草。　左／切り花にするときは、風呂の温度の湯に浸け、そのまましばらく置いて水あげをすると、水落ちしない。

ミモザ色で春を待つ

ミモザの日といえば3月8日ですが、グリーンローズガーデンで咲くのは2月。ちょうどつるバラの作業がピークの時に身も心も温めてくれるふわふわの黄色い花です。

冬は夕方作業を終えてすぐに夕飯の支度ができるように、朝からスープ料理を用意します。そのひとつがクラムチャウダー。ミモザ色のコーン入りです。

「これは娘がアメリカへ留学してお世話になったおばあちゃんから教えてもらったレシピ。何でもカップ1杯ずつというアメリカらしい作り方のおかげで、スープはいつもたっぷり作るようになりました」

多めに作って朝食でいただき、夕飯もさっと温めてすぐに食べられる便利なスープ。ほかにミネストローネ、コーンスープ、白菜とベーコンのコンソメスープ、クリームシチュー、ビーフシチュー、カレー、ポトフなど、どれも野菜をたくさん入れて作ります。

〈ミモザのクラムチャウダーの作り方〉

材料

角切りにしたセロリと玉ネギ各1カップ、角切りにしたポテト2カップ、粒コーン適宜、クラム缶（184g）3缶分、牛乳200ml、生クリーム90ml　塩小さじ1杯、酢小さじ2杯、マーガリン3／4カップ、小麦粉3／4カップ　固形のコンソメスープの素1個　水4カップ

作り方

①少しの湯で野菜をすべてさっと茹で、火を通しておく。

②①にマーガリンと小麦粉を加えてよく練る。

③②へ残りの材料をすべて入れ、弱火で野菜が柔らかくなるまで煮る。

※クラムがない場合はアサリを使う。

〈ミモザリースの作り方〉

よく花が咲いたミモザの枝を選ぶと、色鮮やかなリースになります。

材料
ミモザの枝、フジづる70～80㎝を3～4本、ワイヤー

作り方
ミモザの枝を約20㎝に切り揃え、2、3本ずつ束ねる。フジづるは輪にして直径約25㎝のリースを作る。束ねたミモザを時計回りにリースに挟み込んでいく。

冬枯れたガーデンに春の色を運ぶ黄色いミモザ。柔らかいため2、3mに育つと風雨で枝や幹が折れることがある。

温かな光りを集めたようなミモザのリース。このままドライにして楽しむこともできる。

フィールドノート

春と秋のそれぞれ最盛期に〝エディティング〟という反省会をします。このときに早くも来年の植栽がおよそ決まります。
「エディティングの内容は写真とパソコンに収める方法もありますが、私は〝野帳（やちょう）〟という小さなフィールドノートに書き留めています。私にしかわからないようなメモ書きですが、これまでのグリーンローズガーデンの記録です」

手のひらに収まる小さな野帳は便利で、バラは剪定日と開花日をその場でメモします。毎年1000球も植えるチューリップは品種や個数を記録。日にちや数、デザインから結果までを毎年1冊にまとめているので、ページをめくると、試行錯誤の日々や過去の風景が鮮やかによみがえってくるのです。

美しい景色は試行錯誤から生まれることもあれば、偶然から生まれることも。最適な時期に切り戻しをすると草花の花期がぐんと伸

夫の克之さんが仕事で使っていた手軽な野帳を見て、使うようになった。新しい季節をデザインする時も、アルバムをめくるように必ず野帳を開いて考える。

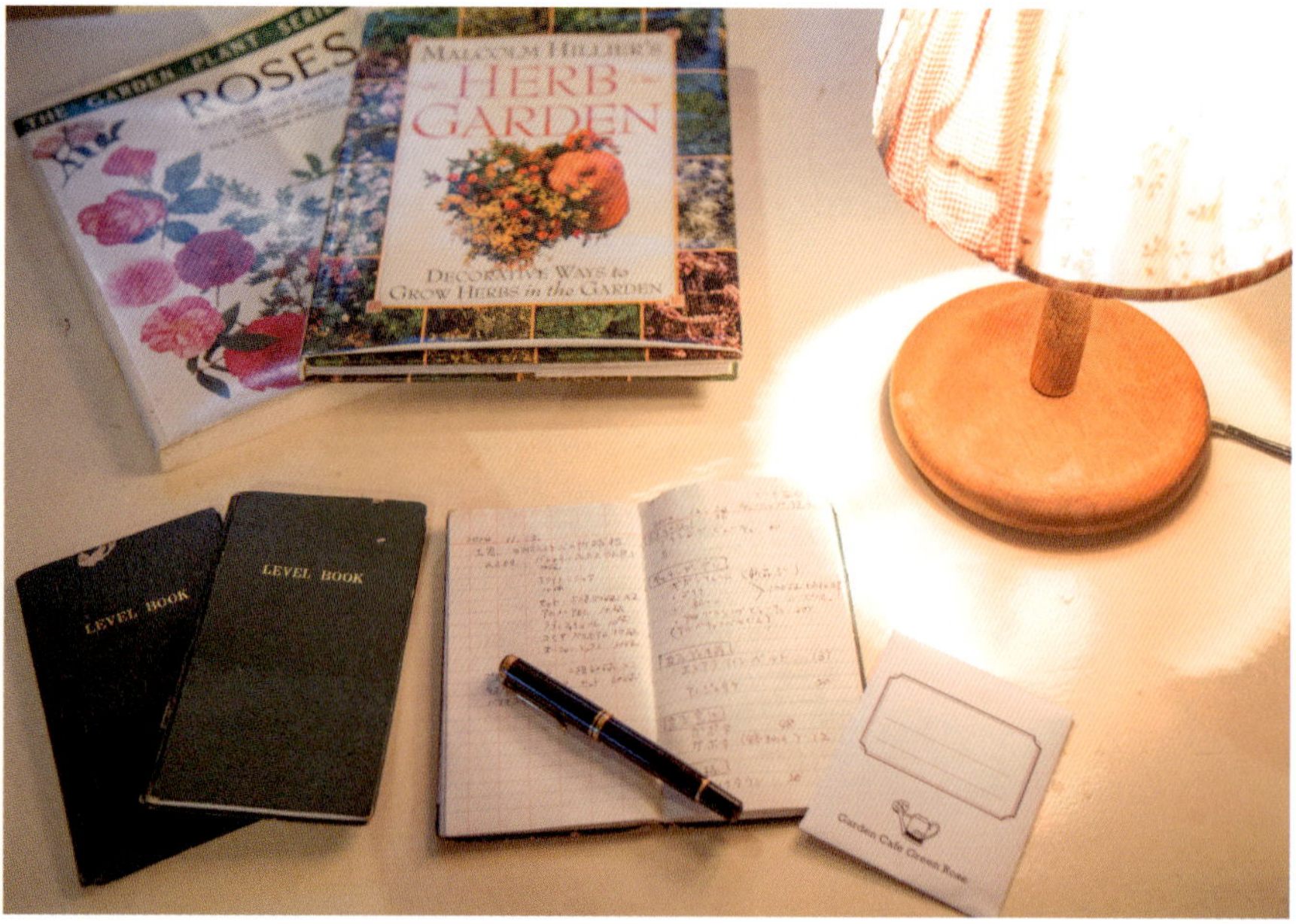

びることも、自ら試し、記録してわかったこと。カモミールとギガンチウムの組み合わせは、こぼれた種があった場所にギガンチウムを偶然植えたことが始まり。いっしょに植えるとカモミールがギガンチウムの枯れ葉を隠してくれることを図らずも発見したのです。
「本にも載っていないことを試し、メモした結果から植物の法則を読み取っていく。ガーデニングが楽しいのは、そんな発見があるからでしょう」

夢中になってつるバラを誘引していると、辺りは暗くなり、仕事終わりのお茶をいただくころには真っ暗に。キャンドルを灯すと、暗いガーデンの中に新しい季節が見えてくる。

外郭を白いチューリップで縁取ることで、カラフルなチューリップがしっとりした彩りを見せている。

第五章 目覚める春

グリーンローズガーデンに
また新しい季節が巡ってきました。
ニリンソウ、スミレ、
クサイチゴなど、小さな春に
すがすがしいチューリップの風景に
合いに行きましょう。

小さな花のささやきから

春いちばんに咲くのが、野の花たち。2本の茎からちょうど2輪ずつ咲くのがニリンソウ。よく似た1輪ずつ咲く花がイチリンソウ。落葉樹が芽を吹き出すころ、細い茎をすっと伸ばし、可憐な花を咲かせます。

「いち早く花を咲かせ、夏になると地上から姿を消してしまう野の花を、〝スプリング・エフェメラル（Spring ephemeral）〟、〝春のはかないもの〟〝春の妖精〟って呼ぶそう。ニリンソウも、このバイモユリもその仲間。ガーデンの妖精ですね」

釣り鐘形の花を下げ、巻きひげを伸ばすバイモユリはコミカルな姿の妖精です。1年に1度、たった数日で咲き終えるはかない花たちの小さな声で、グリーンローズガーデンが目覚めます。

右上／枕木と枕木の間を埋める白い花はサギゴケ。　右中下／花の形を船の錨に見立てたイカリソウは紅葉も楽しめる。　左上／大きな黄色い雄しべがのぞくヤマシャクヤク。夏に美しい実をつける。　右下／下がる花、先端がくるんとカールする巻きひげもユニークなバイモユリ。　中下／花も葉も観賞価値が高いシラユキゲシ。　左下／ひとつの茎から２輪が咲くニリンソウは、キンポウゲ科のアネモネの仲間。敷地内のあちこちに群生している野の花。

足元にはスミレの姉妹

道端や家の周りにさまざまな野草が自生するので、紛れ込んではガーデンで芽を出します。そのうちスミレ、ヘビイチゴ、シダ、カキドオシなど、扱いやすくてガーデンに合うもの取り入れるようにしています。

「首をかしげて咲き、スミレは可憐な印象ですが、本当はとても生命力が強く、ここでは群れて咲くほど。もともと自生していたものもあるんです」

草丈が低く、根が横に広がるスミレは、むしろ雑草除けのグランドカバー。環境が合えば旺盛に繁殖するので、愛着がある自生種でも増えると整理して、周囲の植物のための空間を確保しています。

裏山から持ってきた野草はギボウシやヤブラン。リュウノヒゲは株分けして小道の周りに植えています。野趣漂うムードは魅力的でも、増えすぎては景色を壊すため、コントロールしながら利用しています。

名も知らないスミレたちがガーデンを彩る。右／今いちばん群生している薄紫色のスミレ。敷地内に自生していたものをガーデンへ移植した。　中上／ツートンカラーは友人に分けてもらった園芸種のパンダスミレ。　左上／濃い紫色も自生種。　左下／自生種の白いスミレ。根が太くて扱いにくいタイプなので、群生しないように注意している。

いつもどこかで白い花木が

早春のウメから始まり、ナシ、ジューンベリー、ナンジャモンジャノキ（ヒトツバタゴ）、リキュウバイ、バイカウツギ、シロヤマブキ、ユキヤナギ、コデマリ、ヤマボウシなど、白い木の花は数えれば両手でも収まりません。

「じつは、春は白い花がいつもどこかで咲いていたことを、長い間気づかずにいました」

浮かぶように細い枝先に咲く白い花は、空気のような存在なのかもしれません。そんな話をする斉藤さんの横には、バイカウツギの花が。純白の花びらだけでは収まりきらない春の喜びを、澄んだ香りにのせていました。

バラが咲くのと同じころ、競うように芳香を漂わせるバイカウツギ。

右／リキュウバイは花が控えめで、周りとなじみやすい。　中／ガーデンでいちばんの高木、ナシの花。　左／6月に赤い実をつけるジューンベリー。

チューリップをデザインする

葉がまだ茂り切らない時季は広々とガーデンが使えて、ほかの季節には使わない色を思い切って楽しむことができます。ここではバラのほんどが淡いピンクや白ですから、チューリップの色遣いは特別待遇といってもいいかもしれません。

「じつは、頼り過ぎかしら…って思うことも。春はチューリップがいっぱいです」

野の花の自然を味わったあとは、手を加え、デザインして楽しむチューリップの出番です。ひとつの球根からひとつの芽。葉の間からすっと茎を伸ばし、大きな花が一輪ずつ咲くチューリップは、デザインしやすいフォルム。

「1球ずつ植え込んだ球根が、キャンバスに絵の具を置いたように思いどおりの色をつけてくれるから」と、思う存分鮮明な花色をちりばめます。背景にはやさしいライトグリーンが控えています。

右／赤紫色に黄色の縁取りは、このガーデンでいちばん濃いキャラクターのガボタ。コミカルな名前もガーデンを訪れる人たちに愛されている。　左／毎年、カフェ西側の窓の下がガボタの特等席。個性的な花色なので、他の品種は交ぜずに１種植えにする。

手前には目の覚めるような黄色いシモツケを。遠くに黄色いチューリップ、イエロースプリンググリーン、コデマリなどを配した黄色の小道。わずかしか黄色いバラは植えていないので、黄色い花は4月に楽しむ。

チューリップと好相性の植物たち

右上／童話の世界を連想させるチューリップ。かわいい雑貨を並べれば、ストーリーが浮かんできそう。

右下／ライトグリーンや斑入りのホスタ（ギボウシ）に、濃いピンクのバラード、コンプリメントとの取り合わせがすがすがしい。

左上／赤は子どもっぽくなりがち。そこで斑入りのレッドスプリンググリーンを植え、同じく赤い葉のメギとコーディネイト。

左下／チューリップの植え込みのなかで、葉を丸めているのは山菜のコゴミ。コミカルな姿とチューリップのかわいらしさを引き立てている。


黄色一色は鮮やかすぎるため、選んだのは複色のイエロースプリンググリーン。緑色の模様が入る花色は周囲の色となじみやすく、傍らに咲くクリスマスローズのくすんだ色にもマッチ。

木陰が似合うチューリップ

「みずみずしいチューリップを楽しみたいから、木の下で咲かせます。日当たりはどんどん咲き進んでしまい、お気の毒です」

斉藤さんは鉢植えから始めて栽培歴は30年以上。その植え方といえば、数個ずつ球根をころがし、止まった場所に1球ずつ植えるという方法。公園の花壇のように整然とは植えません。

数種の宿根草とグループにして植えるのもガーデンに花を欠かさないコツ。たとえば、早春に咲くアジュガ、斑入りチューリップのレムズフェイバリット、花期が長いワスレナグサを組み合わせると、その場所は春の間ずっと花が絶えません。

「毎年、1000球ほど新しい球根を足しますが、ガーデンで大事なのは前年の小さくなった球根。立派なチューリップだけが咲くよりも、小さな花が交ざり合うほうがナチュラルでしょう」

球根は掘り上げず、そのまま来春まで土の中で眠らせておきます。

右／スギの枯れ枝で作った柵。枝をシュロ縄で結んだだけの素朴な雰囲気が、赤紫色の華やかなチューリップを引き立てる。　左／白いチューリップはとくに木陰で楽しみたい色。周りのカラフルな色を落ち着かせる効果もある。毎年300球ほど追加している。

紫と白の絞り模様のレムズフェイバリットは、ここ数年この枕木の小径の定番。紫色の花穂のアジュガ、青いワスレナグサと合わせて、甘くない雰囲気のチューリップを味わい、次は華やかなピンクの京かのこにリレーする。

里山ガーデン、春の恵み

　グリーンローズガーデンが色づき始めると、斉藤さんが「裏山」と呼んでいる敷地内のスギ林や竹藪にも春が顔を出します。

「竹製品が生活必需品だったころは、竹職人のおじさんが材料を買いに来て、帰りにかごを編んでいきました。この竹は上質ですが、私が使うのはもっぱらタケノコのときです」

　味わいながら竹藪を管理していると、笑顔で語る斉藤さん。竹職人のほか、味噌や醤油を造る職人も、かつてはこの辺りの家々を回っていたそうです。

「ほら、このフキはとっても柔らかなの。庭で摘んだ春の香りは格別ですよ」

　山菜摘みは敷地内で十分。2月のフキノトウでフキ味噌を作り、3月末からはセリやミツバをさっと茹でておひたしに、薬味やお吸い物、天ぷらにしていただく。里山ならではの味わいです。

右／フキノトウの苦味が春のごちそう。　左／敷地内の孟宗竹の竹藪。次から次へと出るタケノコを掘ることも春の庭仕事のひとつ。周りに咲く白い可憐な花はクサイチゴ。初夏に赤い実をつける。

右上／掘りたてのタケノコ。大きく肉厚だがえぐみがなくおいしい。　左上／庭に咲く大好きなサクラ。毛呂山のソメイヨシノは東京より１週間遅れて開花する。　右下／タケノコは採ったらすぐに水煮にして、１年分を作り、正月はおせち料理にも使う。　左下／こちらも敷地内で採った山菜。右からセリ、ミツバ、フキ。

毛呂山案内⑥

自然公園と毛呂川

芽吹きの色とヤマザクラに染まるのは、滝ノ入地区。毛呂山町の東部にある山間部で、県立黒山自然公園内にあり、季節の風景を求めるハイキング客がよく訪れます。この滝ノ入地区から注ぐ渓流がグリーンローズガーデンの近くを流れる毛呂川へと注ぎます。

今は穏やかな清流も、昭和の高度成長期には汚れてしまった歴史がありました。町の人たちといっしょに斉藤さんも清流を取り戻す活動や生活改善の勉強会に参加。合成洗剤を固形石鹸や自然に近いものに変え、町中の川や井戸の水質調査をし、そのときにごみ減量のためのコンポストを使い始めました。

そんな時代を経て、今、毛呂川に清流が戻り、初夏になるとホタルが飛び交い、カワセミが魚を捕る姿も見るようになりました。

芽吹きとヤマザクラの色が交ざり合う山の春。山裾の柵が囲む場所は斉藤さんたちが育てた「滝ノ入ローズガーデン」。ガーデン脇の谷間の流れが毛呂川へと注ぐ。

上／毛呂川の土手も緑の景色に変わる。　下／のどかな春の流れは、町の雰囲気を象徴している。

右／土手脇の杉林に咲くスプリング・エフェメラルは、白いイチリンソウとニリンソウ。夏になるとオレンジ色のキツネノカミソリ、秋には赤いヒガンバナが群生する場所。　左／グリーンローズガーデン周辺の家々をウメ、モモ、サクラなどが彩り、穏やかな風景が広がる。

毛呂山の花のスポットと、
斉藤さんおすすめのお店をご紹介します。

鎌北湖のサクラと紅葉

鎌北湖は山間の静かな湖。春は湖面に映るサクラの風景、秋は紅葉も楽しめます。

毛呂山町宿谷
見ごろ:サクラは4月上旬、紅葉は11月下旬〜12月

滝ノ入ローズガーデンのバラ

滝ノ入地区を中心にしたボランティアが育てるバラ園。春と秋にバラまつりを開催します。詳しくはP48をご覧ください。

毛呂山町滝ノ入910

花はす広場のハス

埼玉県行田市から譲り受けた古代種のハス「行田蓮」が開花。そのほかボランティアの協力で20種類以上を栽培しています。

毛呂山町大谷木443(毛呂山総合公園プール跡地)
見ごろ:6月初旬〜8月初旬

滝ノ入のハナモモ

山の斜面を彩るのは観賞用のハナモモ。濃淡のピンクや白い花で霞む春爛漫の風景が広がります。

毛呂山町滝ノ入／見ごろ:3月下旬〜4月上旬

桂木のアジサイ

ハイキングコース「ゆずの散歩道」を歩くと、桂木観音、桂木展望台へ向かう桂木川沿いでアジサイが楽しめます。

毛呂山町滝ノ入／見ごろ:6月下旬〜7月上旬

平山地区のキツネノカミソリ

スイセンやユリを小さくしたような花形の山野草。オレンジ色の花が群生します。
詳しくはP86をご覧ください。

毛呂山町平山／見どころ:7月下旬

ゆずの散歩道のユズ

桂木地区はユズの産地。「ゆずの散歩道」周辺を5月は香りのよいユズの花が、11～1月は黄金色のユズの実が彩ります。この地区で栽培される「桂木ゆず」は香りがよいと評判。12月初旬にはゆず祭りが開催され、ユズや特産品の販売があります。

毛呂山町滝ノ入／見ごろ:花5～6月、実は11～1月

こやま

蕎麦粉にこだわった手打ちそばは、ボリュームもあって評判です。いつも庭の草花が迎えてくれます。JR八高線毛呂駅から滝ノ入方面に向かって約500m。

入間郡毛呂山町毛呂本郷76
Tel:049-294-0595
定休日:火曜・第3水曜

苺の里

観光イチゴ園。予約制で種類豊富な大粒のイチゴを摘み取りながら味わえます。イチゴジャム作り体験(有料)にも参加できます。開園は12月上旬～5月末。

毛呂山町西戸781-6(西戸店)
Tel:090-6474-4115(完全予約制)
http://www.ichigogari.org/

ミルティーユ毛呂山

無農薬、有機肥料で育てたブルーベリー狩りが楽しめます。カフェは自家製ブルーベリーソーダ、ドリンク類、かき氷などが充実。滝ノ入ローズガーデンより徒歩約15分。開園は7月中旬～8月下旬です。

毛呂山町滝ノ入258-2
http://www.myrtille-moroyama.com/

おたか本店

特産のゆずを練り込んだ腰の強いうどんが美味。セットメニューが豊富で、ユズ入り豆腐などもあります。滝ノ入ローズガーデンより徒歩約10分。

毛呂山町滝ノ入624-1
Tel:049-294-7511
http://www.otaka-udon.jp/

グリーンローズガーデン
バラ図鑑

ここでは、約３５０種４００株が彩るガーデンから、1～5章で語れなかったバラをご紹介します。

ベビー・フォーラック

小さなポリアンサローズ。濃い紫色でしだいにグラデーションを描き、しべの黄色がアクセント。かわいいけど落ち着いた雰囲気があります。

ルイ・フィリップ

チャイナローズらしく、四季咲き性が強いバラ。咲き始めはカップ咲きで、花首は細くうなだれるように咲きます。フランスの最後の国王の名前。

アンリ・マルタン

枝、つぼみ、秋の実にもトゲがあるモスローズ。モスローズとは苔むしたようにトゲ（繊毛）がつくことに由来。艶やかな赤紫の花に金色のしべが輝きます。

アカノバラ

小輪の八重咲き。ウメの木に覆いかぶさり、小道に枝垂れて咲かせています。トゲがないので枝の下をくぐり抜けても安心。周りのバラが終わったころに開花。

ブリリアント・アイスバーグ

カフェの前の花壇に咲くバラ。アイスバーグは枝変わりが多く、白、濃淡のピンクなどがあります。基本の白のアイスバーグと同様に、とても旺盛に成長します。

ラベンダー・ドリーム

セミダブルの小輪。ラベンダー色の花びらに金色のしべを輝かせます。こんもりと茂り、春から秋までたくさん花を咲かせる強健なバラです。

コンプリカータ

花色は濃いピンク色で、大きめなひと重咲き。目立つ色形を来園の方が風船の様なバラと評したバラ。トゲが少なく、秋の実は大きくて存在感があります。

ピンク・グルーデンドルスト

ハマナスの血を受け継ぎ、トゲは多いが、病気に強くて育てやすく、繰り返して咲きます。花びらの先がギザギザしたカーネーション咲きはかわいらしく個性的。

ジャンヌ・ド・モンフォール

苔のようなトゲがあるモスローズ。緑のつぼみからピンクの花の色が見え始めた時が何とも魅力的。房咲きで、芳香もあります。

ハイドホール

英国王立協会のガーデンの名前を冠したイングリッシュローズ。透明感のある花弁が舞うように咲きます。繰り返し咲かせるなら日当たりのいい場所へ。

フェリシア

房状にたくさんの八重咲きが咲き、華やかなバラ。春から秋まで咲き続け、アーチ、フェンスに沿わせても、剪定してブッシュ仕立てにもできます。

ピンク・ドロシー・パーキンス

赤、ピンク、白の3色が三姉妹とよばれ、房咲きの丸い花が枝垂れます。多くのバラが終わったころ、ガーデンを賑やかに彩ります。

ロサ・ルゴサ・プレナ

ハマナスの半八重咲き。学名のルゴサは葉脈が深くルゴサ（しわがある）の意味。秋までぽつぽつと咲き、花の後には大きな丸い実がつきます。

ロサ・ケンティフォーリア

花名は100枚の花びらをもつ意味で、別名「キャベッジローズ」。美しいカップ咲きでダマスク香。マリーアントワネットが手に持った絵画は有名。

メイデンス・ブラッシュ・グレイト

グレイシュな葉に淡いベビーピンクの花がよく似合い、一季咲きでも房咲きなので長く楽しめます。オールドローズらしい風格と強香が特徴。

セルシアーナ

ひと目惚れして購入したオールドローズです。花びらは透き通るほど薄く、ピンク色。半八重咲きで金色のしべも美しい。ダマスクの香り。

マルゴ・シスター

明るいピンクのかわいらしいカップ咲き。樹高約60cmなのでガーデンの前面に植え、たくさん咲かせると賑やか。鉢栽培にも適しています。

のぞみ

女の子の名前がつけられたかわいらしい花。ごく小輪なので周囲の草木に埋もれないよう、ロックガーデンの石に沿わせながら誘引しています。

エターナル・ユース

1937年作出のハイブリッドティー。小枝を接木して育てたバラです。最近は見かけなくなったアーリーモダンローズですが、形がきれいで強香。

コーネリア

アプリコットピンクの小輪。房咲きが枝垂れて咲き、やさしくかわいい花は誰もが好きになります。花びらが散らずに残るので花がら切りを。

デュセス・ド・ブラバン

透明感のあるシェルピンクの花。優しいカップ咲きでティー香もさわやか。四季咲き性が強く、細い枝に多くの花がうつむきます。和名は「桜鏡」。

オフェリア

この血を引かないバラはないといわれるほどモダンローズに影響を与え、剣弁高芯の花形を確立。気品高い花形とティーとフルーツ香が印象的。

マドモアゼル・アコ

グリーンローズガーデンで偶然生まれたバラ。このバラに愛娘の名を付けました。ランブラーローズのような性質でアーチに誘引。

ラベンダー・ピノキオ

色形ともに個性的で、花色は茶色がかったラベンダー色。半八重咲きで花びらはウェーブがあり、開くと大きな金色のしべがのぞきます。四季咲き性。

ヨハン・シュトラウス

アイボリーにピンク色がのる繊細な花色が魅力。花立ちが多く次々に咲き、株が育つとさらに花数が増えます。長く楽しめるので切り花にも。

ロサ・ウッドシー・フェンドレリ

ピンクの花びらに、金色の大きなしべ。ひと重咲きの野生種ながら、花は大きめで華やかさがあります。秋にはきれいな実をつけて、赤い枝も魅力的です。

スイート・アフトン

淡いピンクの大輪で、繊細な雰囲気が漂うハイブリッドティー。樹勢が強く、背丈ほど伸びることもあります。ダマスクの強い芳香も魅力的です。

ロサ・ダマスケナ

上品さに野性みも漂う、明るいピンクの半八重咲き。ダマスク香が素晴らしく香油用に栽培されるオールドローズです。別名「サマー・ダマスク」。

シャリファ・アスマ

フルーツ香の馥郁たる香りは絶品。透明感のあるブラッシュピンクのロゼット咲きは上品で、どのバラとも好相性。ガーデンに馴染みます。

グレッチャー

花色は人目を引く青みの強いピンク紫でカップ咲き。横張り性のフロリバンダです。樹高約60㎝と低いので目立つようにガーデンの前面に植えています。

エレン・ウィルモット

赤いしべとひと重はデンティ・ベスから、赤い枝はレディ・ヒリンドンから受け継ぎ、魅力たっぷり。淡いアプリコットピンクが可憐なムードです。

バレリーナ

約2.5m伸びるので、アーチやフェンスに誘引するとピンクの小花がやさしい景色を作ります。返り咲き性ですが花がらを残せば実も楽しめます。

ロサ・ケンティフォリア・ヴァリエガータ

優雅な絞り模様が魅力的なオールドローズ。ダマスク香が強く、多花性で満開時の美しさと香りは秀逸。ただし枝は固くトゲが厳しいバラです。

デンティ・ベス

ひらひらとしたピンクのひと重咲きで、赤紫色の長いしべが印象的。シックな大人の雰囲気が漂うアーリーモダンローズ。香りはスパイシー。

マダム・ゾイットマン

淡いピンクの花色、緑色のしべ"グリーンアイ"も上品なバラ。芳香が素敵なダマスク系のオールドローズです。2mほど伸びるので誘引しやすい。

カラフトイバラ

日本の原種。やさしいピンク色のひと重咲きで、秋は赤い実と紅葉、葉が落ちた後は赤い枝と、1年中楽しめるバラです。別名「ロサ・マレッティ」。

フローラ

濃いピンクのとても小さなつぼみで、咲くと花径約3㎝のやさしいピンクの花に。愛らしいバラですが、約6mも伸びるランブラーローズです。

フローレンス・ラトール

グレイッシュな花色でしだいに淡くなります。4〜7輪ずつ咲くボリューム感のある房咲き。秋も咲いてエントランスのフェンスを彩っています。フルーツ香。

ニュー・ドーン

カフェのパーゴラからシャンデリアのように下がって咲くバラ。シェルピンクの花びらを日に透かして見ると、より優しい雰囲気が味わえます。

ホワイト・ドロシー・パーキンス

ピンク・ドロシー・パーキンスと同じ性質。白い小花が大きな房になり、明緑色照り葉と咲く花は清楚で美しい。しなやかな枝で扱いやすい。

グラウス

6月に入ってから開花する遅咲き品種。淡いピンクの小さなひと重咲きははかなげな雰囲気が漂います。秋に丸い実が房になってつきます。

ブラッシュ・ノアゼット

四季咲き性が強く、春から秋まで咲き続けます。枝はゆっくり3mほど伸びてアーチやフェンスにも使えます。剪定して木立性のように育てても。

アンヌ・マリー・ド・モントラベル

ころころとした純白の小輪がたくさんつき、上品で愛らしい。高さが約80㎝と低いので小道の側に植えています。秋の終わりまで開花します。

ノイバラ

日本に自生する原種で学名は「ロサ・ムルティフローラ」。この房咲き性がバラの品種改良に役立ってきました。花よし、実よし、究極のバラです。

レダ

白い花は弁先にローズ色が混ざるため、別名「ペインテッドダマスク」。ギリシャ神話に登場する美しいスパルタの王妃の名で、幻想的雰囲気も。

プリンセス・オブ・ウェールズ

ダイアナ元妃の名を冠した上品なバラ。白の房咲きで照葉との対比が美しく、とても丈夫。苗の売り上げの一部は英国肺病基金に寄付されます。

パール・ドリフト

パールピンクの花色と黄色のしべが好相性。どこの部分で剪定してもよく咲いて、アーチやフェンスなど好きな形で楽しめます。繰り返し咲き。

シティ・オブ・ヨーク

15年位前、村田先生が場所を選んで植えてくれたバラ。その枝は伸びること20mにもなり、今では大きなフェンスを真っ白に覆います。

群星

つぼみは紅く、咲くと純白に。ガーデンではトンネルを真っ白に染め、その前にジキタリス、黒いヤグルマギクなど濃色の草花を植えています。トゲはない。

マダム・アルディ

白い八重咲きの花びらにグリーンアイが映え、美しく見飽きることがありません。オールドローズを代表する名花。さわやかな香りがあります。

グラハム・トーマス

形のいいカップ咲きで、花色の黄色はほんわかとして柔らかく、温かい。誰からも愛される色形のイングリッシュローズです。ティーの芳香。

ロサ・ムリガニー

カフェの窓を彩るバラに決めた理由は、秋にたくさんの赤い実をつけ、春はガラッと姿を変えて白い小花をちりばめるから。丈夫な原種バラです。

アルバ・メイディランド

修景バラとよばれ、手入れ不要で病気にも強い品種。白い小輪のポンポン咲きで次々に咲きます。3m位伸びるのでつるバラのように使えます。

マーメイド

人目を引く大きなクリーム色の大輪。6m以上に伸びつるばらですが、強く剪定し、鉢で木立バラのように育てています。6月～11月まで咲き続けます。

ゴールデン・ボーダー

やさしい黄色はピンクとも好相性。庭のアクセントになっています。1.5mほど伸びるこのシュラブをスタンダード仕立てにもしています。

ペルル・ドール

花色はアプリコット色。スリムなつぼみから咲き進むと細い花びらが反り返り、キクに似た独特な花姿に。別名「イエロー・セシルブルンネ」。

マグレディス・イエロー

端正な花形のアーリーモダンローズの名花です。かつて育種家たちは純粋な黄色い品種を求め、このバラを交配親に選び、重宝されました。

モーヴァン・ヒル

イングリッシュローズでは珍しいランブラー系で、繰り返して咲きます。パーゴラからクリーム色の小花を下げる姿が愛らしく、人気ものです。

ピース

第二次世界大戦後、平和の願いを込めて命名されたバラ。大輪で横張り性のこのバラ以降がモダンローズ。それ以前はアーリーモダンローズです。

フィリス・バイド

クリーム色からピンクの覆輪へ色変わりします。強く主張しないので背景に、かわいい小輪を近くで見られる場所に植えても。応用範囲が広い。

バフ・ビューティ

アプリコットがかったイエローベージュの花色とムスク香が特徴。長い房咲きで花保ちがよく繰り返して咲きます。ガーデンではアーチに誘引。

トレジャー・トローブ

杏色からピンク、白へと花色が変化します。よく伸びるランブラー系で、ガーデンのナシの大木によじ登って覆うほど。実も楽しめます。

マグレディス・アイボリー

端正な剣弁咲きのアーリーモダンローズ。古典的な名花のひとつです。大株になりやすく、必ずたくさん咲く信頼できるバラです。1930年作出。

斉藤よし江　（さいとうよしえ）

埼玉県毛呂山町生まれ。『グリーンローズガーデン』オーナー。里山で生まれ育ち、同町内の夫・克之さんと結婚。1984年より克之さんの義父が遺した20株のバラの手入れを始める。1996年よりつるバラの第一人者、故・村田晴夫氏よりバラの庭づくりを学び、自宅の敷地内におよそ400坪のローズガーデンを作る。2003年滝ノ入ローズガーデンのバラの栽培指導に参加。2006年『グリーンローズガーデン』とカフェ『ガーデンカフェグリーンローズ』をオープン。バラや草花栽培の教室を開き、「ようこそ、バラの咲くカフェへ」（KADOKAWA）、ガーデン雑誌等でも活躍。現在約350種400株のバラと暮らしている。

「グリーンローズガーデン」
http://www.geocities.jp/grg_greenrosegarden/
埼玉県入間郡毛呂山町平山（東武越生線「東毛呂駅」より徒歩10分）
営業日は春は4月上旬～6月中旬まで、秋は10月上旬～11月中旬（土・日・月曜のみ）11:00～17:00

構成と執筆／瀧下昌代　　撮影／八藤まなみ

参考文献
『オールド・ローズはな図譜』野村和子（小学館）
Rose List（村田ばら園カタログ）

グリーンローズガーデン
斉藤よし江さんの
バラと里山に暮らす

2017年5月1日　初版・第1刷発行

発 行 者　山下有子

発　　行　有限会社マイルスタッフ
〒420-0865
静岡県静岡市葵区東草深町22-5 2F
TEL:054-248-4202

印刷・製本　中央精版印刷株式会社

発　　売　株式会社インプレス
〒101-0051
東京都千代田区神田神保町一丁目105番地
TEL:03-6837-4635

■乱丁本・落丁本のお取り換えに関するお問い合わせ先
インプレス　カスタマーセンター
TEL:03-6837-5016　FAX:03-6837-5023
乱丁本、落丁本はお手数ですがインプレスカスタマーセンターまでお送りください。
送料弊社負担にてお取り替えさせていただきます。
但し、古書店で購入されたものについてはお取り替えできません。

 ISBN978-4-295-40084-4　C0077